KB009378

정의의 길,
역사의 길

정의의 길, 역사의 길

제1판 제1쇄 발행일 2021년 2월 12일
제2쇄 발행일 2021년 11월 3일

글 _ 김삼웅
기획 _ 책도둑 (박정훈, 박정식, 김민호)
디자인 _ 채흥디자인
펴낸이 _ 김은지
펴낸곳 _ 철수와영희
등록번호 _ 제319-2005-42호
주소 _ 서울시 마포구 월드컵로 65, 302호 (망원동, 양경회관)
전화 _ (02) 332-0815
팩스 _ (02) 6003-1958
전자우편 _ chulsu815@hanmail.net

ⓒ 김삼웅 2021

* 이 책에 실린 내용 일부나 전부를 다른 곳에 쓰려면 반드시 저작권자와
  철수와영희 모두한테서 동의를 받아야 합니다.
* 잘못된 책은 출판사나 처음 산 곳에서 바꾸어 줍니다.

ISBN 979-11-88215-55-3 43300

철수와영희 출판사는 '어린이' 철수와 영희, '어른' 철수와 영희에게
도움 되는 책을 펴내기 위해 노력합니다.

정의의 길, 역사의 길

김삼웅 선생님이 10대에게 들려주는 정의론

글 김삼웅

철수와영희

인생이라는 긴 여행을 떠나는 청소년들에게

10대는 인생이라는 먼 길을 떠나는 시기입니다. 길이 평탄할 때도 있지만 고빗길도 적지 않을 것입니다. 사람 사는 세상이다 보니 희로애락이 따르고 성공과 실패, 재기와 좌절을 겪기도 하지요.

어떤 의미에서 보면 인생이란 결국 한 장의 백지에 '어떤 자화상'을 그리느냐로 압축될 수 있습니다. 그중엔 역사의 전시장에 길이 남을 명작도 있을 것이고, 평범한 작품이나 졸작도 있겠지요. 이는 청소년기에 어떤 정신, 어떤 자세로 학업과 세상을 대하느냐에 따라 달라집니다.

마치 나무 한 그루가 아름드리 대들보가 되려면 묘목 때부터 바르게 자라야 하듯이 말입니다. 다 자란 나무를 나중에 바로 펴는 일은 쉽지가 않습니다. 그때가 되면 이미 늦지요.

'곧게' 자라려면 재능·도덕성·친화력·예의 등 여러 자질이 필요하겠지만 무엇보다 정의감이 우선되어야 할 것입니다. 정의롭지 못하면 아무리 유능해도, 돈이나 권력이 있어도 나중에 훌륭한 인물로 평가받기는 어렵습니다. 역사적으로 훌륭한 인물에 대한 평가 기준은 시대에 따라 차이가 있습니다. 그러나 만고에 걸쳐 불변의 원칙이 있는데 '정의'가 바로 그것입니다.

진시황은 생전에 많은 업적을 남겼지만, 중국 역사상 최악의 황제로 평가받습니다. 로마 황제 카이사르도 그렇고 독일의 히틀러와 이탈리아의 무솔리니, 일본의 도조 히데키도 마찬가지입니다. 모두가 역사상 최고의 부와 권력을 거머쥐었지만 정의롭지 않았기 때문입니다.

정의의 길로 가기란 쉽지가 않습니다. 사람은 누구나 명예·권력·돈에 현혹되기 쉬워요. 살다 보면 사악하고 비열한 인간들이 출세하고, 이성적이지도 정의롭지도 않은 자들이 앞서가는 꼴을 보기도 하지요. 세상 사는 길은 다양합니다. 큰길만 있는 것이 아니에요. 샛길도 있고, 지름길도 있으며, 어떤 이는 누군가에게 업혀 가기도 합니다. 그런 길을 가는 사람들은 한때 큰돈을 만질 수도, 권력을 얻을 수도 있겠지요.

하지만, 우리의 삶은 100미터 달리기가 아닙니다. 오히려 마라톤에 가깝지요. 여러분의 인생을 역사에 길이 남을 명작으로 만들려면 튼튼한 체력과 건강한 비판 정신, 그 어떤 유혹에도 꺾이지 않는 정의감으로 무장해야 합니다. 멈추지 말고, 서둘지 말고, 고이지 말고, 한결같되 날로 새롭게, 한쪽만 보지 말고 전체를 보면서, 생각은 전 지구적으로 하되 행동은 지역적으로 하는 사람이 돼야 합니다.

숲속에 들어가면 숲은 보이지 않고 나무만 보이지요. 집단이나 조직에 안주하면 숲은 보이지 않고 고만고만한 나무들만 보입니다. 몽골의 칭기즈칸은 자손들에게 성을 쌓지 말라고 당부했다지요. 유목민이 한곳에 안주하면 망한다는 경고의 의미였습니다. 그러나 후손들은 그의 말뜻을 이해하지 못했어요. 결국, 현실에 안주하던 몽골 제국은 90년 만에 쪼그라들고 말았지요.

제아무리 뛰어난 역사학자라 해도 미래를 볼 수는 없습니다. 다만 과거의 교훈을 통해 가능성을 배울 뿐이지요. 제가 10대 여러분께 분명히 말씀드릴 수 있는 것은 '준비된 사람'에게는 기회가 있다는 사실입니다. 고대 그리스 신화에 등장하는 기회의 신 카이로스는 준비된 자에게만 기회를 준다고 합니다. 그래서 뒷머리가 없다지요. 한번 지나가면 잡을 수 없습니다.

물론 자기 혼자만 잘해서 될 일은 아니지요. 잘못된 사회에서 개인의 올바른 삶은 어렵습니다. 그렇다고 사회 탓만 할 수 있을까요? 개인이 올바른 정신으로 올곧게 산다면 사회도 차츰 나아지지 않을까요?

인생이라는 긴 여행을 떠나는 청소년들에게 저는 '정의'라는 이름의 나침판을 드리고 싶습니다. 이 책은 그럴 의도로 쓰였어요. 10대들이 읽고 소화하기에는 다소 어려운 대목이 있을 것입니다. 그러나 조금만 더 노력을 기울이면 분명히 좋은 결과가 있으리라 생각합니다. 유능한 의사는 환자에게 죽을 권하지 않는다지요. 먹기에는 좋지만 그러다 보면 소화 기능이 약해져서 완쾌 뒤 회복이 더디기 때문이랍니다.

사회학자 콩트는 이상적인 인류의 미래상을 "질서를 조건으로 하고 진보를 목표로 하고 사랑을 내용으로 하는 사회"로 그렸지요. 저는 여기에 "정의를 기본으로"라는 말이 더해져야 한다고 생각합니다.

부디 여러분들이 정의로운 사람, 정의 편에 선 사람, 정의를 존재의 첫 번째 가치로 여기는 사람이 되어, 우리나라를 살기 좋은 정의 사회로 만들어 주시길 기대합니다.

김삼웅 드림

03 옳은 것은 옳고 그른 것은 그르다

04 우리 시대의 정의로운 사상가들

05 정의로운 선택은 가능한가?

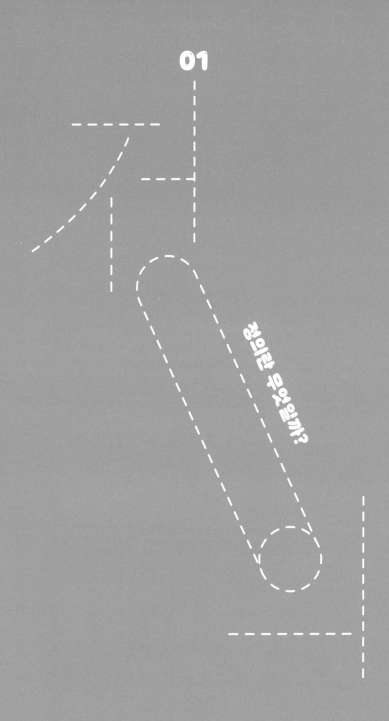

01

정의란 무엇일까?

문명사회를 유지하는 기본 가치

    사람이 문명사회에서 추구해야 하는 가치는 여러 가지가 있습니다. 자유·민주·공화·공공성·평등·평화·존엄·박애·인격·품위·진리·도덕·윤리·예의·범절·절제·협동·질서·의리·준법 등이 제시되지요. 그런데 여기에 한 가지가 빠져 있습니다. 무엇일까요?

    바로 정의입니다. 정의 없는 자유, 정의 없는 민주, 정의 없는 평등……, 이런 것들이 존재할 수 있을까요? 설혹 존재한들 무슨 의미가 있을까요?

    야만 시대나 전제 사회에서는 '힘이 곧 정의'였지요. 바꿔 말해 힘센 자들의 세상이었습니다.

    우리도 그런 시대를 살아왔지요. 왕과 왕족, 귀족, 양반이 지배하던 시대, 일본 제국주의에 나라를 빼앗긴 식민지 시대, 군사 독재와 그 아류들이 지배하던 불의의 시대를 살아왔지요.

민주회와 함께 정의의 시대가 열린 듯하지만, 우리 사회 구석구석에는 아직도 정의보다는 힘이 더 지배하는 경우가 적지 않습니다. 그래서 정치 개혁, 재벌 개혁, 검찰 개혁, 사법 개혁, 언론 개혁의 외침이 그치지 않고, '유전무죄 무전유죄'(돈이 있으면 무죄가 되고, 돈이 없으면 유죄가 된다)라는 말이 이어지고 있지요.

동양에서는 오래전부터 사람의 본성에서 우러나는 네 가지 마음씨를 사단四端이라 일컬었습니다. 여기서 '단'은 '실마리'라는 뜻입니다.

인仁에서 우러나는 측은히 여기는 마음(측은지심)

의義에서 우러나는 부끄러워하는 마음(수오지심)

예禮에서 우러나는 사양하는 마음(사양지심)

지智에서 우러나는 시비를 따지려는 마음(시비지심)

서양에서는 사회적 가치를 세 가지로 제시했습니다. 프랑스 혁명의 자유·평등·박애가 그것입니다. 그런데 여기에 정의가 빠졌습니다. 세 가지 가치만 실현되면 정의가 저절로 이루어진다고 보았던 것 같습니다. 그러나 정의가 없는 자유·평등·진리는 자칫 탈선하기 쉽지요.

사단에서 딱 한 가지만 남긴다면, 그리고 자유·평등·진리에서 한 가지를 더한다면 당연히 의義 즉, 정의일 것입니다.

21세기에 들어 세계의 많은 나라가 민주주의를 택한 것은, 이 제도가 정의의 가치를 구현하는 데 가장 효과적이기 때문입니다. 민주주의는 주권 재민·권력 분립·복수 정당·1인 1표주의·언론 자유 등을 전제로 하지요. 그것은 곧 정의를 실현하기 위한 장치입니다. 정의가 전제되지 않는 제도는 진정한 민주주의와는 거리가 멀지요. 정의는 문명사회를 유지하는 기본 가치에 속합니다.

인간의 본성에 대해 예로부터 두 가지 엇갈린 생각이 있었습니다. 태어날 때부터 본바탕이 선하다는 성선설과, 악하다는 성악설이 전해 오지만, 사실은 환경이 큰 영향을 미칩니다. 성장하면서 어떤 사람은 정의의 길을 걷고, 어떤 사람은 악의 길을 걷습니다. 인류 역사에 위대한 인물로 기억되는 지도자는 정의로운 사람들입니다. 설혹 많은 업적을 남긴 인물이라도 정의롭지 못했다면 사람들의 존경을 얻지 못해요. 역사의 심판은 냉정합니다.

정의란
무엇일까?

가족과 사회, 국가와 권리를 지키는 일

　정의正義를 정의定義하기란 쉽지 않습니다. 그 뜻이 시대에 따라 달라지기도 하고, 지역에 따라 변하기도 합니다. 그래서 프랑스의 사상가 파스칼은 "피레네 산맥(프랑스와 스페인 국경의 높은 산맥) 이쪽에서는 정의인 것이 저쪽에서는 정의가 아니다"라는 유명한 말을 남긴 적도 있지요.

　그래서 "정의는 이것이다!" 하고 단정적으로 말하기는 어렵습니다. 흔히 '장님의 코끼리 소견'에 비유되기도 합니다. 코끼리의 서로 다른 부분을 만져 보고, 큰 기둥처럼 생겼다(다리), 이불처럼 넓다(몸통), 뱀처럼 길다(꼬리)고 판단한다는 격입니다.

　동양에서 정의는 한자 '의義'에서 그 의미를 찾아볼 수 있습니다. 살펴보면 양羊 자에 자기를 뜻하는 아我가 더해진 글자입니다. 아我는 또한 손 수手 변과 창 과戈 변으로 이루어져 있습니다.

풀이하면 자기我의 재산인 양(가축)을 직접 창을 들고 도둑이나 맹수로부터 보호한다는 것이에요. 이것이 '의義'라는 자의 자형字形입니다. 옛날 옛적 조상들에게 양은 소·말·돼지 등처럼 귀한 가축이었지요. 이를 감안해서 해석하면 자신은 물론 가족과 사회, 재산, 국가, 권리 등을 타인·타국으로부터 지키는 일이 바로 정의였습니다.

'의'가 들어가는 단어를 한번 볼까요? 의거·의사·의인·의병·의적·의기·의협 그리고 대의·도의·신의라는 말이 있지요. 모두 고귀한 단어들입니다. 함부로 말하기는 쉬우나 행하기는 어려운 단어들입니다.

서양에서 정의는 그리스어 'dikaiosyne'에서 나옵니다. 직역하면 '올바른'이라는 뜻으로, 법과 정의를 상징하는 고대 그리스 신화 속 여신 디케Dike의 이름도 여기에 뿌리를 두고 있지요. 라틴어로 유스티티아Justitia라고 하는데 이는 영어 단어 '정의Justice'의 어원이기도 합니다. 정의의 여신은 두건으로 양쪽 눈을 가린 채 왼손에는 저울, 오른손에는 칼을 들고 서 있는 모습이에요. 저울은 바름, 칼은 바름을 지키는 무기입니다. 그래서 법에 따라 올바르게 판결을 내리라는 의미를

정의란
무엇일까?

품고 있어요. 한자 정의의 뜻과도 일맥상통합니다.

그러면 '정의'와 관련하여 앞서간 사람들의 의견을 들어 볼까요.

정의는 모든 미덕 중 최상의 미덕이다. ―키케로

정의는 사회의 질서다. ―아리스토텔레스

정의가 가져다주는 최대의 열매는 마음의 평정이다. ―에피쿠로스

정의 없는 힘은 무력하고 힘없는 정의는 무효하다. ―파스칼

정의만큼 위대하고 신성한 미덕은 없다. ―에디슨

정의는 진실의 실현이다. ―J. 주베르

인간은 부당해도 신은 공정하다. 결국은 정의가 승리한다. ―롱펠로우

무슨 일이든지 성공이나 실패보다 옳고 그름을 먼저 분별할 줄 알아야 한다. ―한용운

울음은 울어야 더 서러워지는 것이요, 정의는 내놓고 부르짖어야 더 높아 가는 법이다. ―함석헌

정의는 독점될 성질의 것이 아니다. 정의가 독점될 때 독선이 된다. ―지학순

역사의 그물코는 촘촘하다

서양에서 '역사의 아버지'로 불리는 헤로도토스가 처음으로 역사historia라는 말을 사용했습니다. 이는 그리스어로 '진실을 찾아내는 일'이란 뜻입니다. 중국의 허신은 역사의 사史는 '사事를 기록하는 사람'으로 풀이했어요. 사史는 '바르게 기록하는 손'의 의미로도 풀이합니다. 역사는 인류의 성과이자 삶을 담은 기록입니다. 우리는 역사의 엄숙성을 깨달아야 하지요.

미국의 역사학자 찰스 비어드는 "역사 서술은 일종의 신념 행위"라고 정의했습니다. 어떠한 역사적 사건이나 위대한 인물도 시대에 따라 재평가됩니다. 따라서 역사는 고정불변의 것을 기록하는 것이 아닌 신념 행위가 되는 거예요. 그래서 우리는 역사를 두려워해야 합니다. 역사에는 예리한 '비판'의

정의란
무엇일까?

칼날이 있기 때문이지요. 그럼에도 이러한 역사를 우습게 여기는 사람들이 있습니다. 이른바 '당대주의자'들이지요. 이들에게는 '오늘'만 존재합니다. 과거에서 아무런 교훈을 얻지 못해요. 심지어 무시하기까지 합니다.

이런 부류가 득세하는 사회는 희망이 없습니다. 한때 우리나라도 '국가'만 있고 '역사'가 없던 시절이 있었습니다. 역사가 다 무슨 소용이야, 지금 당장 잘살면 그만이지, 죽은 뒤에 어떻게 평가되든 무슨 상관이냐는 식이었지요. 이런 생각을 가진 이들은 수단과 방법을 가리지 않고 잘 먹고 잘 쓰고 누리는 삶을 추구했습니다. 그 결과는 오늘날 깊어진 빈부격차와 물질 만능주의, 사회적 갈등 등으로 나타났지요.

이처럼 역사를 무시하는 부류가 있다면 한편에는 역사를 좌지우지하려는 사람들도 있습니다. 역사를 정치권력의 전유물로 생각하면서 교과서까지 멋대로 고치려 들었어요. 나중에 역사적 비판을 받을 것을 두려워한 나머지 인위적으로 역사를 왜곡하려고 하는 것입니다. 감히 '역사'를 들먹이며 자신들의 행위를 역사에 맡기자고 말합니다. 역사가 그렇게 만만한 존재가 아닌데도 말입니다.

노자는 『천도론天道論』에서 여덟 자를 통해 하늘의 길, 천도와 사람의 길, 인도의 이치를 설명했습니다. '천망회회 소

이불실天網恢恢 疎而不失', 풀어서 "하늘의 그물은 촘촘하지는 못하나 결코 놓치지는 않는다"는 말이에요.

　미국의 역사학자 찰스 비어드도 비슷한 말을 했습니다. "신神의 물레방아는 천천히 돈다. 그러나 그 방아는 잘게 갈아 나간다."

　그렇습니다. 역사의 물레방아는 천천히 돌지만 곡물을 잘게 갈아 나가고, 하늘의 그물은 듬성듬성 하지만 결코 정의를 놓치지 않습니다. 이것이 역사와 하늘의 바른 이치입니다.

　옛사람들은 역사는 그물이고 거울이라 했지요. 선과 악, 옳고 그름, 아름다움과 추함, 참과 거짓을 가르고 비춰 주고 교훈을 주고 심판하기 때문입니다.

　국민을 배반하고 진리를 거역하고 정의에 역행하는 자들은 설혹 실정법을 용케 피해 가더라도 최종적으로는 하늘의 그물이 기다리고 있습니다. 그것이 곧 역사의 심판이지요. '역사가 된 역사학자'로 불리는 프랑스의 마르크 블로크는 "역사는 심판과 감계鑑戒"라고 했습니다. 잘못된 역사는 후대에 심판을 받고 교훈으로 삼아야 한다는 뜻이지요.

　감옥의 감鑑자는 거울에서 비롯된다고 합니다. 사람이 누워서臥 그릇皿을 쳐다보고 있는 형상은 무엇을 뜻할까요? 자신의 모습을 비춰 보라는 것, 육신뿐만 아니라 양심과 신념까

정의란
무엇일까?

지 비춰 보라는 것이 아닐까요? 항상 새롭게 쓰이고, 재평가 되는 역사는 인간이 기대는 정의의 언덕이고 진실의 대평원 이지요. 하늘의 그물은 아무리 작은 죄악도 놓치지 않습니다. 그리고 역사는 기록을 남깁니다.

우리가 역사를 연구하고 배우는 이유도 과거로부터 교훈 을 찾기 위해서입니다. 고대 로마의 역사가 키케로가 역사를 '인생의 교사'라고 주장하면서 "우리가 만일 태어나기 전에 일어난 일들을 알지 못하면 영원히 어린아이로 머물러 있을 것"이라고 말했습니다. 역사는 바로 지금은 물론 과거와 미 래까지 비추는 거울입니다.

사마천은 『사기』에서 역사란 "있는 모습 그대로 파악해서 거기에 필주筆誅를 가함으로써 있어야 할 역사의 모습을 제 시하는 것이다"라고 정의했어요.

독일의 철학자 게오르크 지멜은 지식인(철학자)을 ①만물 의 심장 소리를 들을 수 있는 사람 ②인간의 심장 소리만을 들을 수 있는 사람 ③개념의 심장 소리만을 듣는 사람 ④책 의 심장 소리밖에 듣지 못하는 사람으로 분류했어요.

지식인은 세상 밖으로 나와 역사의 심장 소리를 들어야 합 니다. 많은 지식인들이 현실에 안주하면서 죽은 역사에 매달 립니다. 현실과 괴리된 지식을 나누며 그들만의 잔치를 벌이지요.

프랑스의 철학자 사르트르에 따르면 핵무기를 만들기 위해 핵분열을 연구하는 과학자는 학자일 수는 있지만 지식인은 아닙니다. 하지만 핵무기가 인류에 가공할 재앙을 가져올 것으로 생각하고 핵무기 폐기 선언문을 작성하고 이에 서명한다면 그는 지식인이 됩니다. 그야말로 '참지식인'인 셈이지요. 즉, 참되다는 것은 정의롭다는 뜻입니다.

역사의 교훈에 귀 기울이면서 진리와 정의의 파수꾼이 되는 것이 참된 지식인의 도리요 본분일 것입니다.

『지식인의 아편』을 쓴 프랑스의 레몽 아롱은 어떤 유형의 비판 활동이든 양심과 진실이 전제가 되지 않으면 비판할 자격이 없다고 했습니다. 비판은 맹자가 주장한 인간 본성 중 하나인 '시비지심是非之心'에서 비롯하는 원초적인 행위이자 지식인의 본령입니다. 정의로운 길만이 촘촘한 역사의 그물코에 걸리지 않는 올바른 길입니다.

정의란
무엇일까?

반정의와 노블레스 오블리주

    지금은 우리나라의 위상이 많이 달라졌습니다. 그러나 한 편으로는 아직도 '헬조선'이라는 말이 쓰일 정도로 힘든 것도 사실이에요. 『신곡』을 쓴 단테는 "별이 보이지 않고 희망이 없는 사회가 지옥"이라 했습니다. 아마도 누군가에게는 지금 이 그런 상황이겠지요.

    '5포 세대'나 '7포 세대'라는 말도 있습니다. 어쩔 수 없이 포기해야 하는 젊은이들을 가리키는 말이지요. 빈부격차가 심해지면서 '금수저', '흙수저' 같은 말도 자주 등장합니다. 이 런 신조어에는 우리 사회의 모순과 이에 대한 비판 의식이 배 어 있어요.

    '국민 주권'을 헌법에 명시한 나라에서 주권자인 국민이 희 망 없는 사회에서 산다는 것은 불행이자 비극이 아닐 수 없습니다.

2014년 304명의 어린 학생과 무고한 시민들의 생명을 앗아간 세월호 참사는 한국 사회가 얼마나 후진적이고 위험 사회인가를 집약적으로 보여 주었습니다. 세계 10위권의 경제 강국이라는 허울 좋은 수치 아래 벌어진 이 사건은 박근혜 정부와 산하 관계 기관의 총체적인 비리, 무책임, 부도덕성을 보여 주는 사건이었습니다.

높은 자리는 그 위치에 걸맞은 책임과 도덕성이 요구됩니다. 절대 군주 시대에도 가뭄이 들면 임금이 자신의 부덕함에 용서를 빌면서 기우제를 지냈어요. 그런데도 우리 역사에서 권력만 행사했지 책임감과 도덕성은 외면했던 위정자들을 찾기는 어렵지 않습니다.

조선 시대의 임금 선조는 왜군이 쳐들어오자 한양을 버리고 의주로 도망칩니다. 이에 분노한 백성들이 임금의 거처였던 경복궁에 몰려가 불을 지르지요. 뒤를 이은 임금 인조는 병자호란이 일어나자 가족을 강화도로 피난 보내고 자신도 뒤따르려다, 청나라 군대에 길이 막혀 남한산성으로 도망쳤다가 결국 항복하는 수모를 당합니다. 백성들은 안중에 없고 자신들의 안위에만 급급했던 것이지요.

1910년 경술국치로 수많은 의열사들이 순국하고 의병전에 나설 때, 황족·고관 대신 72명은 일본 정부가 준 작위와 거액의 은사금을 받습니다. 이를 지켜본 관리들과 지도층 인사들이 너도나도 친일파가 되지요. 해방 후 지금까지도 그들의 자손들이 기득권 세력으로 있습니다.

6·25 전쟁이 터지자 이승만은 "서울 시민은 안심하라"는 녹음 방송을 틀어 놓고 서울역에 대기시킨 기차를 타고 남쪽으로 도망갑니다. 서울을 떠난 지 30분 후 한강 인도교를 폭파시켜, 피난 중이던 800여 명이 수장되고 서울 시민들의 피난길이 막힙니다. 그 와중에 이승만은 백범 김구 선생의 암살범 안두희를 챙겨서 떠났지요. 나중에 국군과 유엔군의 도움으로 서울로 돌아와서는 인민군에 부역했다는 누명을 씌워 서울 시민 수천 명을 감옥에 보냅니다.

우리 근현대사에는 이런 불행이 반복됩니다. 애국자들이 풍찬노숙하며 독립운동을 할 때 일본군에 들어가 독립군에게 총질을 한 사람들이 해방 후 이승만 정권하에서 득세해요. 4·19 혁명으로 민주주의가 도래했을 때 일본군 출신들이 5·16 쿠데타 세력의 주역이 됩니다. 이후 기나긴 군사 독재 시절을 거치며 그들은 이 나라의 지배층이 됩니다. 한편 독립운동가, 민주화운동가들은 제대로 된 대우는커녕 걸핏하면 종북으로 몰리는 등 대를 이어 가난한 삶을 살고 있어요.

국민 대다수인 노동자들과 농민들은 산업 역군 혹은 천하지대본이라는 말에 걸맞지 않은 고통스러운 삶을 살았습니다. 소수 기득권 세력만이 호사를 누리지요. 국난이 닥치면 가장 먼저 내빼고, 외세에는 제일 먼저 추파를 던지면서 부와 권력을 세습한 결과입니다.

명목상이지만 1인당 국민 소득이 3만 달러에 이르고, 해마다 수출은 늘어 간다는데, 절대다수 국민의 생계는 갈수록 어려워집니다. 빈부 양극화는 더욱 심화되며, OECD 국가 중 산재 사망률 1위, 자살률 1위라는 불명예를 얻고 있어요.

전 세계 부자들을 조사해 보니 상속으로 억만장자가 된 비율이 한국인은 74퍼센트로 세계 1위였습니다. 미국은 28.9퍼센트, 일본 18.5퍼센트, 영국이 6.4퍼센트였어요. 부의 대물림 현상이 얼마나 심각한지를 보여 주는 사례입니다.

한국은 세계에서 미국 다음으로 양극화가 심한 나라입니다. 상위 1퍼센트가 개인 소유의 땅 50퍼센트 이상을 차지하고 있어요. 남녀 간 임금 차별 역시 세계 최고 수준이에요. 이러한 양극화는 코로나19 사태로 더욱 심해지고 있습니다. 양극화로 이득을 본 사람들이 사회적 책무를 외면한다는 것도 문제입니다.

일본 작가 시오노 나나미는 『로마인 이야기』에서 2000년을 지탱한 로마 제국의 저력은 노블레스 오블리주라고 분석합니다. 프랑스어로 '귀족의 의무'를 뜻하는 노블레스 오블리주는 지위가 높은 사람일수록 사회적 책임과 의무를 많이 해야 한다는 말입니다.

로마 귀족은 전쟁이 나면 자신의 재산을 내놓고 앞장서서 외적과 싸웠어요. 로마 건국 이후 500년간 원로원에서 귀족이 차지하는 비중이 15분의 1로 급속히 줄어든 것은 계속된 전쟁에서 귀족들이 많이 희생된 까닭이라고 합니다.

우리는 어떤가요? 한국 사회의 지배층은 특권만 있고 책임과 의무는 없었어요. 조선 시대 왕족·양반층은 납세와 군역 의무를 지지 않았답니다. 조선 후기 3정三政이 극도로 문란해지고 양반의 숫자가 급격히 늘면서 국가 재정과 국방 인구가 줄지요. 의무가 없는 특권층이 늘었기 때문입니다.

부정부패가 얼마나 극심했는지 임진왜란이 일어나자 수많은 노비·천민들이 일본군에 투신합니다. 선조가 궁궐을 떠나 피난길에 오르면서 "왜병 중에 조선인이 많다는데 그 숫자가 얼마나 되느냐?"고 물었을 정도였습니다.

1905년 을사늑약 이후 관군은 일본군과 제대로 싸워 본 적이 없어요. 나라가 망하는 과정에서 관군은 있으나 마나 한 존재가 되고, 그 대신 의병이 궐기하여 국권 수호와 독립 전쟁의 전위에 섭니다. 명문 집안이던 이회영 일가가 모든 재산을 팔아 만주에 신흥무관학교를 세웠지만 이런 경우는 극소수에 불과했습니다.

우리 역사는 깨어 있는 민중의 힘을 바탕으로 발전해 왔답니다. 한국사를 민족사와 왕조사의 이분법으로 분류할 때, 민족사는 바로 민중에 의해 유지되어 온 것입니다. 한국의 왕조사는 사대주의, 쇄국 정책, 정권 안보 제일주의 때문에 굴욕적인 사대와 망국으로 끝나는 경우가 있었습니다. 그러나 민중이 주체인 민족사는 민족의 형성과 발전, 통합과 저항으로 이루어졌어요. 위축되거나 쇠퇴하지 않으면서 건강한 민족성을 지켜 왔습니다. 따라서 우리의 정통 한국사는 바로 왕조사가 아닌 민족사입니다.

국가보훈처 조사(2012년)에 따르면 독립운동가 7940명의 후손 중 무직이 60퍼센트, 중졸 이하 학력이 55퍼센트, 봉급 생활자가 10퍼센트였어요. 절반이 중병을 앓고 있으며 독립유공자 후손으로 자부심을 느끼고 있지 않다는 대답이 무려 50퍼센트에 달했습니다.

박완서는 그의 소설『오만과 몽상』에서 다음과 같이 말합니다.

"매국노는 친일파를 낳고, 친일파는 탐관오리를 낳고, 탐관오리는 악덕 기업인을 낳고, … 동학군은 애국 투사를 낳고, 애국 투사는 수위를 낳고, 수위는 도배장이를 낳고…" 바로 우리 현대시의 민낯이지요.

우리나라 어디에서도 노블레스 오블리주를 찾기 어려워요. 대한민국이 민주 공화국인지, 특권층 전제국인지 의심이 들 때가 적지 않습니다. 사회 정의와 민족정기의 회복이 시급합니다.

02

한국 근대사에서 배우는 정의

영웅이 된 도적

　봉건 왕조 시대는 어느 나라나 군주를 중심으로 소수의 지배자가 통치하다 보니 정의나 자유·평등의 가치는 뒷전이고, 권위와 순종을 미덕으로 삼았지요. 법은 지배 세력의 이익에 맞도록 제정되고 임의대로 해석되는 경우가 많았습니다.

　나라는 소수의 다스리는 자와 다수의 순종하는 자로 구성됐어요. 신분이 세습되어서 혁명적 방법이 아니고는 벗어날 수 없었습니다.

　우리나라는 조선이 1910년 8월 29일 일본 제국주의에 망하기 전까지 임금이 다스리는 나라였습니다. 1945년 8월에 해방이 되고서야 군주제와 식민 지배가 없는 민주 공화국의 시대가 열립니다.

　왕조 시대에 국민(백성)은 부당한 통치 세력의 억압·수탈을 견뎌야 했어요. 가끔 소수의 깨어 있는 그리고 용감한 사람들이 들고일어나지만, 봉건 체제를 바꿀 수는 없었습니다. 외려 반역죄를 뒤집어쓰고 참혹한 보복을 당하고 말았지요.

대표적으로 고려 시대에는 묘청 등이 일으킨 난이, 조선 시대에는 홍경래의 난 등이 있었지요. 두 사건이 체제를 바꾸는 혁명으로 이어지지 못한 채 반란으로 끝난 것은 우리 역사의 불행이었어요. 하나만이라도 성공했다면 한국사는 크게 달라졌을 것입니다.

부패한 왕조, 타락한 지배층을 무너뜨리고자 했으나 벽에 부딪힌 사람들 일부는 의적이 됩니다. 실제로 우리 역사에는 의적이 적지 않았습니다. 소규모 의적은 물론 왕권을 위협한 커다란 의적 무리도 있었지요.

의적은 단순한 범죄자 즉 산적이나 해적 또는 강도 무리와는 다릅니다. 사람을 함부로 죽이지 않고, 부자나 탐관오리가 대상이었으며, 훔친 물건은 빈민이나 어려운 사람들에게 나눠 주었지요. 그래서 '의로운 도적' 즉 의적이란 고상한 이름이 붙었어요.

우리나라 역사에는 홍길동을 비롯하여 임꺽정·장길산 등 이름난 의적들이 등장합니다. 중국에는 『수호전』에 나오는 의적이 있고, 서양에서는 로빈 후드가 유명합니다.

'영웅이 된 도적'『홍길동전』을 쓴 허균은 양반 가문에서 태어나 26세에 문과에 급제하고 39세에 삼척 부사가 됐으나 발령 13일 만에 부처를 섬긴다는 이유로 파직됐습니다. 41세에 다시 형조 참의에 임명됐다가 탄핵을 당했고, 투옥과 유배를 거듭합니다. 이후 예조 참의·호조 참의·형조 판서 등을 지냈으나 그때마다 반대파에 의해 파직당했다가, 50세이던 1618년 8월 남대문에 백성들을 선동하는 격문을 붙였다는 혐의로 붙잡혀 저잣거리에서 처형당했답니다.

허균은 의적 소설『홍길동전』을 한글로 지었어요. 우리나라 최초의 한글 소설이에요. 한문을 사용하던 시절에 그는 언문·암글이라 천시되던 한글로 소설을 쓸 만큼 민족의식이 살아 있었던 것입니다.

그로부터 300여 년이 지난 일제 강점기에 홍명희가『임꺽정』을 지었지요. 한글로 쓴 현대 문학 작품으로는 최초의 의적 소설입니다. 이 소설의 주인공 임꺽정은 조선 명종 시대 황해도와 강원도 일대에서 활동했던 실재 인물이었답니다.『조선 왕조 실록』에도 나오지요.

양반 지배층의 토지 과다 점용과 각종 질병, 관리들의 심한 수탈로 농민들이 거지처럼 떠돌다가 떼 지어 도둑질을 하는 경우가 많았습니다. 임꺽정은 이들을 모아 군도(群盜, 도둑떼)

형태의 농민 저항을 벌였지요. 세력이 커지면서 수령을 살해하거나 중앙에서 내려보낸 토포사를 격퇴하는 등 황해·강원·경기·평안도 지역을 장악할 정도였지요. 결국, 조정의 토벌대에 쫓겨 무리가 궤멸하고 임꺽정도 죽고 말지만, 그는 피지배 민중들로부터 영웅이 됩니다.

『임꺽정』은 일제 강점기 우리 민족이 참혹한 고통을 겪던 시대에 임꺽정이라는 의적을 내세워 민중을 위로하고 항일 정신을 일깨웠습니다.

한말 국난기에 홍길동을 본받은 활빈당 운동이 전개되었고, 의적은 의병 전쟁을 통해 일제와 최전선에서 싸우게 됩니다.

격동의 시대, 의병 전쟁

임진왜란

우리 조상들은 나라가 어려움에 처할 때면 어김없이 의병을 조직하여 외적과 싸웠습니다. 역사상 가장 도드라진 의병전쟁은 16세기 임진왜란과 20세기 일제 침략 때입니다. 두 차례가 다 일본과의 싸움이지요.

1592년 4월 13일, 임진년에 일본 침략군 21만 명이 조선을 침략했어요. 당시 조선 인구가 700~800만 안팎일 때이니 왜병 21만 명은 엄청난 숫자였지요. 왜군은 4월 14일 부산진을 함락하고, 다음날 동래성을 함락한 데 이어 본격적으로 북상을 시작합니다.

이일·신립 장군 등이 4월 28일 관군 8000여 명을 이끌고 충주에서 왜군과 싸웠으나 대패하고, 4월 30일 선조는 한양을 떠나 피난길에 오릅니다. 관군은 제대로 한번 싸워 보지도 못한 채 계속 밀렸고 임금은 북쪽으로 도망쳤습니다.

임진왜란 때 가장 먼저 정의의 깃발을 든 의병 대장은 곽재우입니다. 그는 경북 의령 출신으로 아버지는 황해도 관찰사를 지냈지요. 영남학파의 거두인 조식에게서 글을 배웠으며 그의 외손녀와 결혼했습니다. 곽재우는 1585년 과거에 급제했으나 글이 선조의 마음에 들지 않아 무효가 되자 과거를 포기하고 은거합니다. 이후 임진왜란이 일어나자 재산을 털어 의병을 모집하고 왜군을 무찔렀는데, 붉은 옷을 입어 홍의장군으로 불렸지요.

곽재우가 왜군을 경상우도(낙동강 서쪽 지역)에서 몰아낸 덕분에 백성들은 평상시와 다름없이 농사를 지을 수 있었습니다. 곽재우는 공을 인정받아 관직에 임명됐다가 정치적 소용돌이에 휘말려 귀양살이를 하기도 했습니다. 이후 세상과 인연을 끊고, 산에 들어가 도를 닦으며 솔잎만 먹으며 살았다고 합니다. 전쟁을 치르고도 조정의 부패는 여전했던 것이지요.

임진왜란 때 또 한 분의 대표적인 의병장은 조헌입니다. 사헌부 감찰 등을 지낸 조헌은 1591년 조선에 온 일본의 사신이 명나라를 칠 의도를 분명히 보이자, 대궐 앞에서 거적을 깔고 앉아 일본 사신의 처벌을 주장했으나 뜻을 이루지는 못했습니다.

조헌은 임진왜란이 일어나자 의병을 일으켜 많은 승리를 거두었지요. 그러나 이들의 세력이 커질 것을 두려워한 충청도 관찰사 윤국형이 의병 가족을 잡아들이는 등 방해를 하는 통에 1700여 명에 이르던 의병은 700여 명으로 줄어들었습니다. 한편 서산대사의 제자인 승병장 영규대사는 관군이 도망간 뒤에도 홀로 의병을 이끌고 싸우다가 조헌의 의병대와 합류하여 청주성을 수복합니다. 이후 고바야카와 다카카게가 지휘하는 왜군을 공격하고자 금산으로 진격하지요.

영규대사는 왜군의 수가 많으니 관군을 기다리자고 했어요. 그러나 조헌은 어차피 무기나 병력에서 열세이므로 사기가 높을 때 치는 것이 낫다고 주장합니다. 결국 조헌을 혼자 죽게 할 수는 없다고 판단한 영규대사도 전투에 합류하여 700여 명의 의병이 한 사람도 남김없이 죽을 때까지 장렬하게 싸웠습니다. 며칠 뒤 조헌의 제자들이 시체를 수습하여 무덤을 만들고는 칠백의총七百義塚이라 했어요.

임진 의병장에 빠질 수 없는 분이 김덕령 장군입니다. 그는 임진왜란이 일어나자 형과 함께 의병을 일으켰어요. 형의 권고로 병중의 어머니를 돌보기 위해 귀가했다가 이듬해 어머니가 사망하자 다시 의병을 일으킵니다. 김덕령은 힘과 용맹

이 뛰어나 왜군들이 돌 밑에서 태어난 기인이라 하여 석저石底 장군이라 불렀다고 합니다.

김덕령은 많은 공을 세워 장군 칭호를 받았어요. 그러나 이몽학의 반란에 연루됐다는 무고로 혹독한 고문을 받고 죽습니다. 그 뒤 현종 때 누명이 벗겨지고 명예가 회복되지요. 김덕령 외에도 의병장은 정부나 관군으로부터 억울한 대우를 받는 일이 많았답니다. 의병의 세력이 커지는 것을 꺼리는 관리들의 방해로 곽재우나 조헌 등도 곤욕을 치렀지요. 심지어 관리가 지나가는데 말에서 내려 인사를 하지 않았다고 의병 부대 전체를 죽인 일도 있었어요.

전쟁이 일어나자 제대로 대처하지 못하고 중국 망명까지 시도했던 임금과 관리들은 의병의 공을 인정하면 정부의 무능이 드러날 것을 걱정했던 것입니다. 전쟁이 끝난 뒤 공을 세운 사람 18명에게 상을 내렸는데 이때 이순신 장군을 모함한 원균까지 공신이 됐지만 의병장은 한 사람도 없었어요.

임진왜란 때 민간인 의병뿐만 아니라 승병들도 국권 수호에 앞장섰습니다. 사명당 유정이 대표적인 분입니다. 그는 10대에 부모를 잃고 출가하여 3년 후에 승과에 합격했습니다. 이때 많은 유생과 사귀어 정여립 사건으로 투옥됐을 때는 유생들이 무죄를 항소하여 석방됐습니다.

유정은 스승인 서산대사 휴정을 대신해 승군을 지휘하여 큰 전과를 올렸어요. 그는 적군의 진영에 들어가 왜장 가토 기요마사와 강화 회담을 가졌는데, 왜장이 "귀국에 보물이 있다는데 무엇인가?" 하고 묻자, "네 머리를 베어 오면 금 1000근과 1만 호의 고을을 봉해 주겠다고 하니 네 머리가 보물이다"라고 답하는 담대함을 보였습니다.

유정은 정부에 나라의 방어 체계 확립과 탐관오리의 숙청, 능력에 따른 인재 등용 등을 건의했지요. 그리고 스스로 산성의 수리와 무기 제조, 군량미 비축을 위해 노력했답니다.

유정은 임진왜란이 끝난 뒤 선조의 특사로 일본에 가서 조선인 포로 3000여 명을 데리고 돌아왔지요. 그 뒤 해인사에서 입적했습니다.

한말 일제 침략 시기

임진왜란 때나 한말 그리고 6·25 전쟁 시기 집권층의 행태가 비슷했어요. 바뀌지 않은 나라의 반복되는 역사의 비극입니다. 임진·정유왜란으로 국가적인 위기를 겪었으면 후임자들이 달라졌어야 했는데도, 그 알량한 권력 욕심에 백성과 나라가 온통 쑥대밭이 되고 말았지요. "무능한 위정자는 범죄자다"라는 말이 진리인 것 같습니다. 선조와 고종(과 순종) 그리고 이승만 대통령은 나라의 안위보다 정권 유지에 급급한 위정자들이었습니다.

다음은 한말, 정확히는 대한제국 시기의 의병 이야기입니다. 당시 지배층은 1876년 불평등한 강화도 조약을 시작으로 제물포 조약(1882년), 한성 조약(1984년)을 맺고, 국정 개혁과 척왜척양을 내건 동학 농민 혁명을 외세를 불러들여 진압했습니다. 이로 인해 일제의 한국 침략의 문이 열렸습니다.

일본인들은 마침내 1895년 10월 궁궐에 난입하여 민비(명성황후)를 참살하는 만행을 저지릅니다. 이에 삼남 지방을 중심으로 의병이 일어납니다. 역사학계에서는 이때를 제1차 의병 전쟁이라 하지요. 주로 유학의 지도자(유생)들이 중심이 됐답니다. 춘천의 이소응, 강릉의 민용호, 제천의 유인석·이춘명·한승우, 홍주의 윤복한·이설, 남한산성과 안성의 김하락, 문경의 이강년, 안동의 권세연·김도화, 영양의 김도현, 진주의 노응규, 금산의 이은찬·허위, 장성의 기우만 등이 대표적인 의병장입니다.

1905년 을사늑약과 1907년 한일 신협약으로 외교권에 이어 조선의 법률 제정권과 관리 임명권이 속속 일제의 손아귀로 넘어가자 다시 의병이 일어났습니다. 바로 제2차 의병 전쟁으로 원주의 원용팔, 죽산·안성의 박석여, 여주의 이범주, 경상도의 이유인·이하현·정용기·신돌석, 전라도의 기우만·양한규·고광순·김동신, 충청도의 노병대 등이 대표적인 인물들이었습니다.

또다시 의병 전쟁이 전국 각지에서 전개되자 일제는 대대적인 학살 작전을 벌여 방화·살인·겁탈을 일삼습니다. 이른바 삼광三光 작전이라 하여, 의병으로 의심되면 모조리 죽이고, 마을을 불태우고, 재산과 가축을 약탈했어요. 외국 기자가 이런 현장을 취재하여, "지상에서 마을이 소멸됐다"라고 보도하기에 이릅니다.

각지에서 산발적으로 일본군에 대항하던 우리 의병들은 이 같은 만행을 규탄하면서 1908년 1월(양력) 각지의 의병 1만여 명이 경기도 양주에서 모여 '13도 창의군'을 결성하고 유학자 이인영을 총대장으로 추대해요. 이인영은 서울 주재 각국 공사관에 격문을 보내 의병이 국제법상 교전 단체임을 선언하고, 정의와 윤리의 적인 일본군의 토멸을 선언했답니다.

'13도 창의군'은 서울을 탈환하고자 일본군의 방위망을 뚫고 그중 일부는 세검정까지 진출했지요. 그러나 일본군이 동대문에 기관총을 설치하고, 의병 선봉 부대를 기습하면서 '13도 창의군'은 크게 패하고 말았습니다. 우리 의병은 오직 나라를 지키려는 충심에 찬, 군사 훈련을 받지 못한 유생·농민·상민들이고 상대는 일본 정규군이었어요. 거기다 우리 의병은 낡은 화승총이나 죽창·농기구로 무장한 데 비해 일본군은 서양에서 들여온 최신식 기관총과 자체 개발한 무라타 소총으로 무장하고 있었어요. 화력 면에서 절대 열세인 상황에서 전개된 전쟁이었습니다.

제2차 의병의 특징은 1차 전쟁의 유생 출신 의병장들이 아니라 농민·천민 출신들이 중심이 됐다는 사실입니다. 조선왕조에서 차별과 수탈의 대상이었던 이들이 막상 국난을 당하자 왜적 격퇴와 국권 수호에 앞장선 것입니다. 의병 수만 명이 학살당하고 마을이 불타는 상황에서 살아남은 의병 일부는 국경을 넘어 만주나 러시아 블라디보스토크로 가서 독립운동을 했지요. 안중근 의사나 홍범도 장군 등이 의병 출신의 대표적 독립운동가입니다.

국권 침탈 과정과
친일파

　일본은 임진왜란 이래 기회만 있으면 우리나라를 빼앗으려는 야욕을 가져 왔습니다. 1868년 메이지 유신으로 근대 국가로 자리 잡고 부국강병에 성공한 일본은 1876년 강화도 조약으로 우리나라와 수교한 후, 군대를 보내 1894년 동학 혁명군을 학살하고, 명성황후를 죽이는 등 만행을 서슴지 않았지요.

　일본은 1905년 고종 황제를 겁박하여 을사늑약을 맺고 우리나라의 외교권을 강탈한 데 이어 조선 통감부를 설치하여 사실상 식민지로 만들었습니다. 그리고 군대를 해산시키고 사법권·경찰권 등을 장악한 데 이어 우리나라를 집어삼키고자 병탄 조약을 체결하고자 했지요. 이에 전국에서 의병이 일어나고 안중근 의사가 침략의 원흉 이토 히로부미를 중국

하얼빈에서 처단하는 등 저항에 나섰으나 일본의 군사력과 국내 친일파들의 매국 활동을 막아 내기에는 역부족이었습니다.

1910년 8월 22일, 운명의 날이 밝았어요. 이날 서울은 섭씨 29도(일본 신문 보도)가 넘는 늦더위가 기승을 부리고 있었습니다. 을사늑약이 강제되던 날의 을씨년스러웠던 날씨와는 또 달랐어요. 이른 아침부터 용산에 주둔하던 일본군이 분주하게 시내로 이동했습니다. 완전무장한 일본군은 시내의 요소요소에 분산 배치됐습니다.

서울 남산에는 일본군의 대포가 창덕궁과 덕수궁 등 황궁을 겨냥하고 시민들이 많이 모이는 종로 거리를 향해 정조준을 하고 있었어요. 15보 간격으로 일본 헌병 한 명씩이 배치되어 삼엄한 경계망을 펴고 있었답니다. 계엄령과 같은 공포 분위기였지요. 일본 헌병과 경찰은 한국인이 두세 명만 함께 걸어 다녀도 강제로 해산시키고, 저항하면 사정없이 폭행하면서 끌고갔습니다.

일제는 같은 해 7월 29일 이완용을 총리대신으로 하고 박제순을 내부대신으로 하는 매국노 내각을 조직해요. 8월 18일 이완용으로 하여금 내각에서 한국 병탄을 처리하게 합니다.

병탄 조약은 내각 회의에 상정됐고, 학부대신 이용직을 제외하고는 내각의 누구 하나 반대하는 사람 없이 처리되어 조인식이 8월 22일로 정해지지요.

한편 일본군은 7월 6일 밤 지방에서 올라온 부대가 용산 지구에 도착한 것을 시작으로, 7월 9일까지 지방에 주둔 중이던 부대를 밤의 어둠을 틈타 대로를 이용하지 않고 모두 서울로 집결시킵니다. 8월에 접어들어서는 저녁 식사 후 군인들의 영외 외출이 금지됐고, 그다음에는 아예 외출이 전면 금지됐어요. 이러한 조치들은 일본군 집결로 한국 민중을 자극하는 것을 경계하는 한편 비상시에 대비한 술책이었답니다.

병탄 과정은 정상적이지 않았습니다. 조약이 체결되기 전 창덕궁에서 마지막 어전 회의가 열렸지요. 아무리 형식적인 절차였다 하더라도 당시 국가의 주권자인 임금이 주재하는 회의였습니다. 그런데 데라우치 통감이 무력으로 황궁을 포위하고 조정 대신과 측근들까지 대부분 친일 매국노들로 포진한 상태였어요.

그런 상황에서 조선 왕조 500년의 사직이 무너지는 망국·병탄을 다루는 중요한 회의가 열린 겁니다. 총리 이완용이 내놓은 병탄 안건이 어전 회의에서 통과됐고, 융희 황제(순종)는 이완용에게 병탄에 대한 전권을 위임합니다.

그날 이완용은 남산의 통감 관저로 가서 데라우치와 병탄 조약을 체결합니다.

위협과 강압으로 이루어진 병탄 조약은 일제가 쿠데타적 수법으로 대한제국을 병탄한 조약인데, 형식상으로는 대한제국의 황제가 일본의 황제에게 한국의 통치권의 양여를 자청하여 일본 황제가 이 요청을 수락한 것으로 되어 있습니다. 강압에 의한 엉터리 조약이지요.

일제는 병탄 조약을 8월 22일에 '체결'하고, 1주일 후인 8월 29일 조선 총독부 관보에 게재하는 형식으로 이 사실을 공포합니다.

이리하여 1392년 7월 이성계가 창업하여 1910년 8월 29일 융희 황제가 국권을 빼앗길 때까지 27대 519년을 이어 오던 조선 왕조가 멸망하고, 한국인들은 인류 역사상 유례없는 일제의 폭압과 착취에 시달리는 식민 지배를 받게 됩니다. 나라가 망한 것은 일제의 강도적인 침략에 있었지만, 무능한 왕과 왕실, 정의롭지 못한 친일 매국노들의 죄도 가볍지 않습니다.

일제는 조약 공포와 동시에 '대한'이라는 국호를 폐지하고, 통감부를 대신하여 조선 총독부를 개설하고 초대 총독에 데라우치를 임명합니다. 이와 함께 '한국 합병 칙서'를 발표하여 광무 황제(고종)를 '이태왕', 융희 황제(순종)를 '이왕', 광무 황제의 아들 강과 희를 '공'으로 부르며 일본 황족으로 한다고 발표해요.

또한 일본 황실령 제14호로 '조선 귀족령'을 반포하여 매국에 공을 세운 친일파와 대한제국 고관 등 72명에게 일본 작위와 거액의 은사금을 나눠 주고, 전국의 유생 721명에게 회유책으로 30만 엔을 살포했지요. 이들은 대부분 친일파의 원조가 됐습니다.

한국 근대사에서
배우는 정의

순국열사의 외침

일제 강점이 시작되던 시기, 우리나라에 매국노들만 있었던 것이 아닙니다. '조국과 정의'를 지키고자 국치를 통탄하면서, 그리고 국민의 궐기를 호소하면서 순국·순절자가 뒤를 이었습니다. 대표적인 몇 분을 소개합니다.

이한응(1874~1905)

경기도 용인 출신으로 진사시에 합격하여 한성부 주사로 일했고, 1899년 관립영어학교 교관을 지냈습니다. 1901년부터 영국 런던 주재 대한제국 공사관에서 외교관으로 활동했는데, 1905년 을사늑약이 강제 체결되자 치욕과 망국의 한을 참을 길 없어 귀국하기를 단념하고 음독 순국했습니다. 이 소식이 국내에 알려지면서 민영환·조병세 등 자결로 순국한 분들이 속출했지요.

민영환(1861~1905)

문과에 급제하여 병조·형조판서를 역임하고 미국 공사 등 외교관으로 활동하다가 귀국하여 외부·학부·탁지부 대신을 지내면서 나라의 운명을 바로잡으려고 분투하다가 독립당을 옹호한다는 이유로 대신 자리에서 쫓겨났습니다.

시종무관장 재임 때 을사늑약의 폐기를 상소했으나 뜻을 이루지 못하자 국민과 각국 공사에게 보내는 유서를 남기고 자결했습니다.

조병세(1827~1905)

노론 계열의 명문가에서 태어나 음관으로 참봉에 임명됐다가 증광병과에 급제하여 함경도 암행어사·대사헌·공조판서·이조판서·우의정·좌의정 등 요직을 거쳤습니다. 동학 혁명과 일제 침략기에 정계에서 은퇴했다가 다시 복귀하여 중추원 의장과 임금의 고문인 특진관에 임명됐지요.

1896년 폐정 개혁 19조를 상소하고 1905년 을사늑약이 강제 체결되자 을사5적 처단을 주창한 데 이어 이상설 등과 을사늑약의 폐기를 상소했습니다. 일제 경찰에 연행되어 가평

향리로 추방당하자 1905년 12월 음독 자결했습니다.

박승환(1869~1907)

대한제국의 시위 제1연대 제1대대장으로 있던 중 1907년 7월 고종이 일제의 강압에 의해 퇴위당하자 복위 운동을 펴기 위해 궁중에 돌입하려 했으나 뜻을 이루지 못했습니다.

그해 8월 대한제국군 해산령이 내려지자 이에 불복하여 자결했지요. 이를 계기로 다수의 대한제국군 출신들이 의병에 참여하면서 의병 투쟁이 활발하게 전개됐습니다.

이준(1859~1907)

함북 북청 출신으로 법관 양성소에서 공부하고 한성재판소 검사보에 임명됐으나 조정 대신들의 비행을 파헤치다가 면직됐지요.

일진회에 대항하여 공진회를 조직하여 국권 회복 운동과 함께 을사5적을 규탄하다가 헤이그 특사로 선정됐습니다.

이상설·이위종과 함께 고종의 밀서를 갖고 헤이그의 만국 평화회의에 참석하여 을사늑약의 불법·부당성을 호소하고자 했으나, 일본과 열강의 반대로 무산되자 울분 끝에 순국했습니다. 사후에 궐석 재판에서 무기형을 선고받았습니다.

홍범식(1871~1910)

충북 괴산 출신으로 전북 태인 군수 재임 시 의병을 보호하여 일본군의 검거망을 피하게 했습니다. 1909년 금산 군수로 부임하여 선정을 베풀어 주민들의 칭송을 받았지요. 1910년 경술국치를 당하자 통분을 이기지 못하고 선산에 올라가 목매어 자결했답니다. 남긴 유서 다섯 통은 일제 경찰에 압수돼 그 내용을 알 수 없습니다.

황현(1855~1910)

전남 광양 출신으로 생원시에 장원급제했으나 부패한 조정에 나가기를 거부하고 향리에 묻혀 살았답니다. 1910년 경술국치 소식을 듣고 절명시 4수를 남기고 순절했어요. 재야에 있으면서 1864년부터 병탄 때까지 47년간의 우리나라 최근세사를 편년체로 기술한 『매천야록』을 지었습니다.

나철(1863~1916)

전남 승주 출신으로 관직에 있으면서 1905년 을사늑약이 체결되자 오기호 등과 5적 암살단을 조직하여 매국노 암살을 시도하다가 적발되어 낙도에 유배됐습니다.

그는 유배에서 풀려난 후 1909년 1월 15일(음) 중광절에

단군교를 창시했습니다. 1년 만에 교도수가 2만 명으로 늘고, 교명을 대종교로 고쳤습니다. 1910년 한국 병탄 후 울분을 품은 채 지내다가 1916년 구월산 삼성사에서 일제의 학정을 고발하는 유서를 남기고 자결했어요. 『삼일신고』, 『신단실기』 등의 저서가 있습니다.

의열단의
맹렬한 투쟁

일제 강점기 "천하의 정의를 맹렬히 실행하기로 한다"는 것을 목표로 삼고 출범한 애국 단체가 있었습니다. 100여 년 전 중국 만주에서 한국의 10~20대 청년들이 만든 의열단입니다.

우리 독립운동사에서 의열 투쟁은 여러 독립운동 방략 중에서 가장 돋보이는 투쟁 노선이었습니다. 가장 적은 희생으로 가장 큰 효과를 냈지요. 수단과 방법, 시간과 장소, 인물과 기관을 가리지 않고 활용할 수 있는 방법이었답니다.

외침과 내우가 유난히 심한 우리나라는 오래전부터 의열 투쟁의 전통이 이어져 왔어요.

'의열'이란 흔히 의사義士와 열사烈士를 가리키거나 그들의 특징적인 행동을 의미하는 용어로 쓰입니다. 국난기에 관군이 패퇴하거나 적군에 투항하는 상황에서 민간인(백성)들이 궐기하여 침략자들을 물리치거나 전세를 바꾼 경우가 적지 않았어요. 여기에는 장렬한 자기희생이 따랐습니다.

임진·정유왜란 때에 의열 투쟁이 강력한 저항의 모습을 보였고, 한말 일제 침략기에도 수많은 의열 지사들이 궐기하여 의병 전쟁에 참가했습니다. 사정이 여의치 않을 때는 일신을 던지는 단독 의열전을 전개했지요. 1970, 80, 90년대 반독재 민주 항쟁 과정에서도 수많은 재야인사·학생·노동자가 투신·분신·고문사·의문사 등의 희생을 감내하면서 민주주의를 쟁취했습니다.

의열 투쟁은 정규전이 불가능한 상황에서 전개되는 경우가 대부분이지요. 한국사의 의열 투쟁이 테러와 다른 것은, 국권 회복과 민주화를 요구하는 정의의 실현 방법으로서 자신을 던지는 지극히 도덕적인 행위라는 점입니다. 한말 일제 침략 세력과 싸운 민간병을 의병이라 한 것이나, 의열단의 경우, "천하의 정의로운 일을 맹렬히 실행한다"는 공약 제1조에서 '정의'의 전통을 찾아볼 수 있습니다.

일제에게 의열단은 공포의 대상이었습니다. 일본 외무대신은 "김원봉 체포 시 즉각 나가사키 형무소로 이송할 것이며, 소요 경비는 외무성에서 직접 지출할 것"이라는 요지의 훈령을 상하이 총영사관에 하달합니다.

　일제 군경과 관리들에게 의열단원은 염라대왕과 같은 존재로 인식됐어요. 언제 어디서 불쑥 의열단원이 나타나 폭탄을 던지고 권총을 들이댈지 모르기 때문이었지요. 두렵기는 친일파와 악질 지주들도 마찬가지였습니다. 의열단에서 감행한 주요 의열 투쟁은 다음과 같습니다.

〈의열단 주요 활동〉

1920년 3~6월 곽재기·이성우 등이 국내 활동에 사용할 폭탄을 밀양으로 반입하려 함.

1920년 11월 최수봉(최경학)이 밀양경찰서를 폭파.

1921년 5월 밀양 폭탄 반입 사건에 대한 응징으로, 박재혁이 일본인 부산 경찰서장을 폭탄으로 부상시킴.

1921년 9월 김익상이 종로경찰서에 폭탄을 던짐.

1922년 3월 김익상·이종암·오성륜이 상하이 황포탄 부두에서 일본 육군대장 다나카 기이치 저격.

1923년 3월 김시현·남정각·유석현 등이 경기도 경찰부 황옥 경부를 동원하여 무기와 폭탄을 국내로 반입 시도.

1924년 1월 관동 대지진 때 한인 학살에 대한 응징으로, 구여순·오세덕 등이 국내 폭동 시도.

1925년 3월 이인홍과 이기환이 베이징에서 일제 밀정 김달하 처단.

1925년 11월 이종암·배중세·고인덕 등이 국외로부터 무기를 반입하여, 거사를 준비했던 '경북 의열단 사건'.

1926년 12월 나석주가 동양척식주식회사와 조선식산은행 습격.

1919년 11월 9일 밤 일단의 조선 청년들이 중국 지린성 파허문巴虛門 밖 중국인 농민 반씨 집에 모였습니다. 이 집은 자금의 여유가 있었던 이종암이 반씨로부터 세내어 거처 겸 연락처로 사용했어요. 여기서는 가끔 폭탄 제조 실험도 했답니다. 일종의 비밀 아지트인 셈이지요.

반씨 집에 모인 10대 후반에서 20대 중반까지의 조선 청년 13명은 밤이 새도록 토론을 거듭했습니다. 11월 초순이면 지린 지방은 벌써 눈이 덮이고 강추위가 몰아치는 계절이지요. 청년들은 추위 따위는 아랑곳없이 이날 밤, 의열단이 활동 지침으로 삼을 공약 10조를 결정하고, 구축왜노驅逐倭奴·광복조국·타파계급·평균지권平均地權의 네 개 항목을 최고의 이상으로 내걸었습니다.

의열단이라는 이름은 김원봉의 작품입니다. '정의'의 '의'와 '맹렬'의 '열'을 취하여, '의열단'이라 이름 붙였어요. 이날 창단식에 참석한 사람은 김원봉을 포함하여 13명이었습니다. 기록에 따라 참석자 몇 사람이 차이가 나지만 김원봉은 아래와 같은 명단을 제시했습니다.

윤세주 · 이성우 · 곽경(일명 곽재기) · 강세우 · 이종암 · 한봉근 · 한봉인 · 김상윤 · 신철휴 · 배동선 · 서상락 외 1명

이들 창립 단원들은 형제의 의를 맺고 '공약 10조'로서 조직 기율을 정했습니다. 김원봉이 맏형격인 '의백'으로 선출되어 단장의 임무를 맡았지요. 의형제 중 맏이라는 뜻의 '의백'이라는 대표자의 호칭은 의열단이 단원 상호 관계를 반￥ 혈연적 운명 공동체로 생각했음을 말해 줍니다.

1919년 11월 10일 초겨울 대륙의 긴 밤이 지나간 새벽, 밤새워 진행된 회의 끝에 의열단이 출범합니다. 후일 일제 경찰들이 그 이름만 들어도 전율하던 의열단이 드디어 결성된 것입니다.

의열단이 창단될 때 성문화된 강령은 따로 없었어요. 1923년 단재 신채호의 손으로 「조선 혁명 선언」(의열단 선언)이 쓰여질 때까지 일제와 친일파를 몰아내고, 조국을 광복하며, 계급을 타파하고, 토지 소유를 평등하게 한다는 4대 목표를 최

한국 근대사에서 배우는 정의

대의 이상으로 삼았습니다. 토지 소유를 평등하게 한다는 목표는 의열단의 진보적인 성향을 보여 주는 대목이지요. 이 조항은 지주 소작 관계가 더욱 강화되어 가고 있던 조선 국내 사정을 두고 볼 때 대단히 진보적인 것이었습니다.

요컨대 의열단은 단순한 조국의 독립만이 아니라 사회 개혁을 지향했으며 대한광복회 등의 진보적 노선을 한층 더 발전시켰다고 할 수 있습니다.

의열단은 행동 목표를 '7가살'과 '5파괴'를 명시적으로 규정했습니다. 처단 대상을 명확히 함으로써 활동 목표를 적시한 것이지요. 총독 정치의 우두머리와 하수인 그리고 민족 반역자 모두를 세분화해서 '마땅히 죽여야 할 대상'으로 지목했습니다. 또 파괴해야 할 핵심 기관으로, 통치 기관은 조선 총독부, 수탈 기관으로는 동양척식주식회사, 선전 기관은 매일신보사, 폭압 기구는 각 경찰서와 기타 기관을 적시했습니다. 이는 어느 독립운동 단체보다 격렬하게 일제와 싸우고자 하는 결의와 조선 민중의 소망을 보여 주는 것이었습니다.

국내외 독립운동 단체의 활약

　국적 이토 히로부미를 처단한 안중근 의사는 옥중에서 "불의를 보고도 나서지 않는 사람은 용기가 없는 인물"이라는 휘호를 썼습니다. 일제 강점기나 해방 후 오늘에 이르기까지 '용기 없는 인물'은 그렇다 치고, '부끄러운 인물'이 너무 많았습니다. 언론인·정치인·문화인·학자·종교인 등 사회 지도층 인사들이 민족과 겨레를 배반하고 적의 앞잡이가 되기도 했습니다.

　매국노·친일파도 많았지만 애국자들도 적지 않았어요. 일제 강점기에 임시정부나 의열단 말고도 수많은 애국 단체가 국내외에서 조직되어 조국 해방을 위하여 일제와 싸웠습니다. 하지만 의로운 쪽은 비참한 최후를 맞고 후손들은 열악한 환경에 처합니다. 반면에 불의한 쪽은 쿠데타를 일으켜 정권을 잡거나 대학·신문사·기업을 만들어 상류층이 돼요. 이들은 다시 국회의원·판검사·고급 공무원·교수·언론인·재벌이 되고, 동조자들과 함께 거대한 세력을 형성합니다. 의열단원 후손들은 갈 곳이 없고, 친일파 후손들이 대를 이어 권력을 누렸지요. 정의보다 불의가 득세한 것입니다.

의열단과 임시정부를 제외하고 국치 이후 국내외에서 활동한 독립운동 단체(비밀 단체 포함)를 살펴보겠습니다.

1910년 이후 독립운동 단체 (설립 연도 및 중심인물)

1910년대

국내

독립의군부(1912. 임병찬)

송죽형제회(1913. 황에스더, 김경희 등 평양 숭의여학교 교사)

조선국권회복단(1915. 윤상태, 서상일, 이시영)

대한광복회(1915. 박상진, 채기중, 김좌진)

조선국민회(1915. 장일환, 배민수 등 평양 숭실학교 재학생과 졸업생)

자립단(1915. 방주익, 강명환)

선명단(1915. 임광모, 정연웅)

중국

서전서숙(1906. 이상설)

한흥동(1909, 이상설, 이승희, 최초의 독립운동 기지)

삼원보(1911.이동녕, 이회영) → 신한민촌 → 경학사 → 신흥강습소

중광단(1911. 서일) → 대한정의단

동제사(1912. 신규식, 박은식, 정인보, 신채호, 조소앙)

신한혁명당(1915. 이상설, 박은식, 신규식)

신한청년당(1918. 여운형, 김철, 김규식)

러시아

한민회(1905)

13도의군(1910. 유인석, 이범윤, 홍범도)

성명회(1910. 유인석, 이상설)

권업회(1911. 이범윤)

대한광복군정부(1914. 이상설. 이동휘)

대한국민회의(1919)

미국

신민회(1903. 홍승하, 윤병구)

한인합성협회(1907)

대한인국민회(1910)

흥사단(1913. 안창호)

대조선국민군단(1914. 박용만)

멕시코

숭무학교(1909. 이근영, 신광희)

일본

조선청년독립단(1919. 조선학회, 동경 조선유학생 학우회)

1920년대(3 · 1 운동 이후)

국내

천마산대(1919. 최시흥) → 대한통의부 편입

보합단(1920. 김동식) → 대한독립단 흡수

구월산대(1920. 이명서)

신간회(1927)

국외

의열단(1919. 김원봉)

서로군정서(1919. 이상룡, 이탁) → 육군 주만참의부 흡수

대한독립단(1919. 박장호, 조맹선) → 광복군 사령부 흡수

북로군정서(1919. 김좌진)

대한독립군(1919. 홍범도)

광복군사령부(1920. 조병준, 안병찬)

광복군총영(1920)

대한독립군단(1920. 북로군정서. 서로군정서, 국민회군)

대한통의부(1922)

육군주만참의부(1923. 백광운)

정의부(1923. 오동진 등)

신민부(1925. 대한독립군단+대한독립군정서)

조선혁명당(1929)

한국혁명당(1929. 윤기섭. 신익희)

한국독립당(1930. 이동녕. 김구, 안창호)

1930년대

한인애국단(1931. 김구)

한국독립군(1932. 지청천)

조선혁명군(1932. 양세봉)

한국 근대사에서
배우는 정의

동북인민혁명군(1933)

조선민족혁명당(1935. 의열단+한국독립당+신한혁명당+조선혁명단+광복단)

한국국민당(1935. 김구, 이동녕, 한인애국단+임시정부 고수파)

동북항일연군(1936. 동북인민혁명군)

조국광복회(1936. 동북항일연군 간부)

한국광복운동단체연합회(일명 광복진선, 1937. 조소앙, 이청천)

조선민족전선연맹(1937. 김원봉)

조선의용대(1938. 김원봉)

전국연합진선협회(1939. 김구, 김원봉)

1940년대

한국독립당(1940. 한국국민당+한국독립당+조선혁명당)

한국광복군(1940. 한국독립당) → 대한민국 국군의 모태

화북청년연합회(1941. 최창익, 허정숙)

조선독립동맹(1942. 김두봉, 무정, 최창익)

조선의용군(1942. 김두봉, 무정, 박효삼)

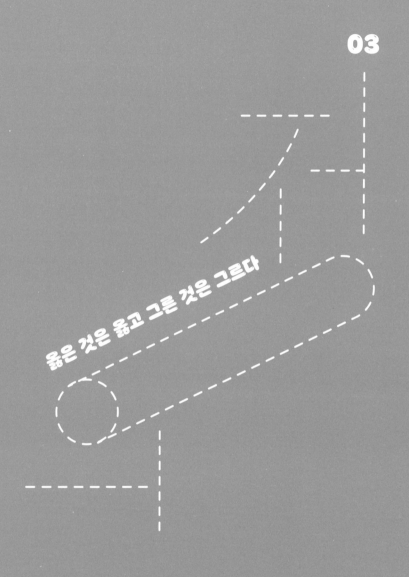

옳은 것은 옳고 그른 것은 그르다

03

소크라테스가 남긴 질문

동양에서 정의의 주창자·수호자가 맹자였다면 서양은 소크라테스라 할 것입니다. 기원전 5세기경 고대 그리스 아테네에서 태어나 '무지에 대한 자각'을 통해 청년들을 가르친 철학자이지요.

고대 그리스 철학이 소크라테스 이전과 이후로 구분할 정도로 철학사에서 그의 존재와 역할은 큰 비중을 갖고 있습니다. 그는 사람들과 토론하기를 좋아했어요. 청년들에게 많은 질문을 던졌지요. "정의란 무엇인가", "신의란 어떻게 유지되는가", "신중함과 무모함은 어떻게 다른가" 등 끝이 없었어요.

그의 교육 방법은 질문을 통해 제자·시민들이 스스로 해답을 찾아가는 방식이었습니다. 자신은 아무것도 모른다는 전

옳은 것은 옳고
그른 것은 그르다

제 아래 무지에 대한 자각과 문답법으로 아테네 시민들과 대화했답니다. 그 이전의 철학자들과는 달리 추상적이거나 관념적인 고찰보다 인간과 사회에 대한 현실적인 문제에 관심을 가졌어요.

그가 살던 시기 특히 말년의 아테네는 정치적으로 혼란기였어요. 스파르타에 패배하면서 혁명과 반혁명이 엎치락뒤치락하는 혼란이 거듭됩니다. 30명의 소수가 권력을 독점하는 과두 정부가 수립되고 공포 정치가 실시됐다가 다시 민주정으로 회복됐지만 얼마 뒤 다시 전제 정치로 바뀝니다. 정치는 부패하고 사회는 타락해요.

소크라테스는 아테네의 다른 지식인들처럼 돈벌이나 벼슬, 명예를 탐하지 않고 스스로 '등에'처럼 살아갑니다. '등에'란 벌처럼 생긴 곤충으로 사람이나 동물에 붙어 날카로운 침을 쏩니다. 무지와 환락에 취한 아테네 시민 특히 청소년들을 깨우치는, 정의의 사도 역할을 한 것입니다.

이런 사람을 타락한 정치권력과 부패한 기득권층이 내버려둘 리가 없지요. 당국은 그가 청년들을 타락시키고 신을 부정했다는 이유로 구속합니다. 사죄하면, 석방해 줄 테니 아테네를 떠나 먼 곳으로 가서 조용히 살 것을 제안합니다. 하지만 소크라테스는 단호하게 이를 거부했습니다. 재판관들에게 애원하지 않고 비굴하게 처신하지도 않았지요.

오히려 "재판관이 그 자리에 있는 것은 좋고 싫음에 따라서 공정을 굽히기 위해서가 아니라, 공정하게 재판하기 위해서다. 재판관은 자기 마음에 드는 사람에게 은혜를 베풀어서는 안 되고, 국법에 따라서 재판하기를 서약한 것이다. 그러므로 나는 여러분에게 그러한 맹세를 깨뜨리는 습관을 만들어도 안 되고 또 여러분 스스로 그러한 관습을 만들어서도 안 된다. 그것은 나나 여러분에게 경건한 행동이 아니기 때문이다"라고 훈계했어요.

소크라테스는 자신을 재판하는 법관들에게 정의를 일깨웠습니다. 법관의 존재는 공정한 재판이 생명임을 역설했어요. 낡은 권위주의에 물든 법관들이 이를 용납할 리 없었지요. 당시 아테네의 법정은 시민 대표들도 배심원으로 참석했습니다. 그는 이들에게도 등에의 역할을 합니다.

"아테네 시민이여! 가장 위대하고 또 지혜와 위력으로 인해서 그 이름이 가장 높은 아테네 시민으로서 될수록 많은 축재와 명성과 명예에만 마음을 쓰고, 지혜와 정의와 또 영혼을 될수록 아름답게 하는 일에 대해서는 마음을 쓰려고 하지도 않는 것을 여러분은 부끄럽다고 생각하지 않는가?"

재판관들은 소크라테스의 유·무죄를 결정하기 위해 투표를 실시합니다. 이 과정에서 그는 망명을 선택할 수 있었지만 거부합니다. 결국 괘씸죄까지 적용되면서 사형을 선고받습니다.

소크라테스는 옳은 것을 옳다고 말하고 그른 것은 그르다고 했을 뿐입니다. 반역을 시도한 것도, 신을 모독한 것도 아니었지요. 정의를 말하고 정의롭게 행동하다가 불의한 세력에 밀려 재판에서 사형을 선고받고 처형됐습니다. 그의 육신은 사라졌으나 정신은 살아서 서양 철학사의 가장 빛나는 샛별이 됐지요.

여기에 대해 철학자 안병욱은 다음과 같이 말합니다.

"정의는 소크라테스의 기본 강령이었다. 그가 가장 중시하고 역설하고 존중한 것은 정의였다. 정의는 개인 생활의 근본인 동시에 국가 생활의 기본이라고 그는 확신했다. 의義의 정신이 소크라테스의 인격과 사상과 행동을 일관하는 원리였다. 사는 것이 중요한 일이 아니다. 의롭게 살고 바로 사는 것이 중요하다."

저항의 상징 토머스 모어

토머스 모어(1478~1535)는 서양 중세 시대의 저항과 수난을 상징하는 인물입니다. 불의와 악덕에 대한 분노로 교회와 국왕의 전제에 항거하다 단두대에서 사라진 인물이지요. 정의를 위해 죽음을 선택한 그의 행동은 어리석은 일이었을까요?

법률가로서 기사 작위를 받고 고등 법원 판사가 된 존 모어 경의 맏아들로 태어난 그는 어릴 적부터 언젠가 위대한 인물이 될 것이라는 말을 들을 만큼 총명했답니다. 부친의 권유로 15세 때 옥스퍼드 대학에서 법학을 전공하면서도 틈틈이 라틴어와 그리스어 문학 작품을 탐독하고 신학에도 관심을 두었어요. 당시 석학 에라스뮈스와 친교하면서 그로부터 많은 영향을 받았습니다.

옳은 것은 옳고
그른 것은 그르다

1494년 부친의 뜻에 따라 런던에서 법률을 공부하고 1501년 변호사 자격을 취득한 그는 1515년 통상 문제로 네덜란드에 건너가 외교 교섭에 수완을 발휘하기도 했어요. 또 공정한 집무와 심오한 식견으로 국왕인 헨리 8세의 신임을 받아 왕의 고문관으로 활동합니다. 1523년 서민원(하원) 의장으로 선출됐으며 옥스퍼드 대학과 케임브리지 대학의 대학 재판관으로 임명됐어요. 1527년 프랑스 대사직을 무사히 끝내고 돌아와서는 대법관으로 임명됐는데, 평탄한 시간은 극히 짧았습니다.

그 무렵, 헨리 8세는 왕위 계승자를 얻으려고 캐서린 왕비와 이혼하고 새롭게 앤 불린과 결혼하고자 로마 교황에게 이혼 허가 신청을 냈어요. 캐서린 왕비는 아들 두 명을 포함하여 모두 여섯 명의 아이를 낳았으나 그 가운데 1553년 잉글랜드 여왕으로 즉위한 메리를 제외하고는 모두 죽습니다.

교황은 헨리 8세의 요청을 거부합니다. 아첨배들이 이런 기회를 놓칠 리 없지요. 이들은 영국에서 교황의 세력을 몰아내고 국왕을 새로운 국교의 교주로 하자는 법안을 제출했답니다. 그들 입장에서는 민족주의 애국 운동일 수도 있겠지만, 가톨릭에는 반역 행위였어요.

토머스 모어는 이 법안을 단호히 반대합니다. 국왕이라 하더라도 교리를 무시하는 행동을 용납할 수 없었지요. 노발대발한 국왕은 모어에게 반역죄를 씌워 런던 탑에 가둬요. 모어는 옥중에서도 굴하지 않고 『시련과 위안』이라는 책을 씁니다. 한 나라의 국왕이 종교 신앙에까지 독재권을 행사해서는 안 된다. 이에 자신은 신앙과 양심의 자유를 수호하고자 싸울 것이며, 박해받는 정의파 인사들을 적극 지지한다는 내용이었습니다.

국왕이 이를 용인할 리가 없지요. 그는 종이와 펜을 몰수당합니다. 그러나 모어는 굽히지 않고 휴지에 숯 조각으로 집필을 계속했어요. 그해 왕의 기존 결혼을 무효화하고 새 왕비인 앤 불린의 자식에게 왕위 계승권을 부여하는 이른바 '계승률'이 확정되면서 모어에게도 여기에 서명하면 석방하겠다는 제안이 있었어요.

이럴 경우, 대부분 지식인은 약해집니다. 정의나 신념 때문에 목숨을 내놓는 것이 쉬운 일은 아니지요. 반면에 참지식인이 태어나는 계기가 되기도 합니다. 진정한 지식인은 때가 되면 백절불굴의 자세로 불의와 폭압에 대항하지요.

이러한 사상이 담긴 책이 바로 그가 집필한 『유토피아』(1516)입니다. 인간 구원의 이상향을 그린 그가 세속의 권력에 신념을 팔 수는 없었지요. 국왕의 제의를 단호히 거부했

옳은 것은 옳고
그른 것은 그르다

고, 결국 1535년 57세의 나이로 단두대의 이슬로 사라지고 말았습니다.

토머스 모어를 처형한 헨리 8세는 인류사에 빛나는 정의로운 지식인을 죽인 살인자로 기록되고 있지만, 모어는 순교한 지 350여 년이 지난 1886년 영국 교회에 의해 복자福者의 반열에 올랐고, 1935년에는 성인으로 추대되는 등 영원한 존경과 명예를 누리고 있습니다. 타락한 권력과 정의로운 지식인이 대결할 때, 단기전에서는 항상 후자의 패배로 나타나지만 장기전에서는 전자의 패배로 확정된다는 역사 법칙의 준엄함을 그의 죽음이 다시 한 번 확인시켜 준 것입니다.

진정한 자유인 스피노자

스피노자(1632~1677)처럼 혹독한 비난을 받은 철학자도 흔치 않을 것입니다. 독일 라이프치히 대학의 철학 교수인 토마지우스는 스피노자를 가리켜 "은둔적인 예술가, 비방을 잘하는 전형적인 유대인이며 극단적인 유물론자, 가공할 만한 괴물 같은 존재"라고 평했어요. 당대의 저명한 의사이자 화학자인 디펠은 "어리석은 악마, 맹목적인 마법가, 혐오스러운 멍청이, 싸구려 정신병원의 백치, 황당무계하고 술 취한 인간, 철학적인 잡동사니꾼, 재주를 부리는 어릿광대, 지독히 무기력하고 가련하기까지 한 익살꾼"이라는 모욕적인 언사로 비난했지요.

물론 스피노자를 높이 평가하는 사람이 훨씬 많았습니다. 철학자 버트런드 러셀은 1945년 펴낸 『서양 철학사』에서 "위

옳은 것은 옳고
그른 것은 그르다

대한 철학자 중에서 가장 인격이 고매하고 가장 경애할 만한 사람이다. 지적으로는 그를 능가할 사람이 많지만 윤리적으로는 그가 최고의 위치를 차지한다"고 썼습니다.

독일의 문명사가 슈펭글러는 "진정한 현인의 흐림 없는 청정과 고매한 평정을 지닌 철인"이라고 평가했고, 『현인 나탄』을 쓴 독일의 비평가 레싱은 "스피노자의 철학 외에는 철학이 없다"라고까지 평했으며, 독일의 문인 괴테는 "나의 사고방식에 큰 영향을 준 인물은 스피노자밖에 없다"고 고백했습니다.

스피노자는 1632년 네덜란드의 수도 암스테르담에서 유대인 상인의 아들로 태어났습니다. 그의 조상은 포르투갈계 유대인이었는데, 포르투갈에서 유대인을 박해했기 때문에 종교적 탄압을 피해 신앙의 자유가 비교적 많았던 네덜란드로 이주해 왔던 것입니다. 스피노자는 유대인 학교에 입학하여 히브리어와 경전을 배우고 탈무드를 공부했어요.

머리가 비상하여 10개 국어에 능통했고, 장차 유대교의 대학자가 되기를 희망했습니다. 그러던 중 프란시저스 반 덴 엔덴이라는 자유사상가로부터 사상의 독립과 근대 철학을 배우면서부터 정의와 지성에 눈뜨게 됩니다.

스피노자가 비판과 박해를 받기 시작한 것은 종교 문제 때문이었어요. 그는 무한한 동경의 대상으로 인식했던 신이 기독교와 유대교에서 말하는 신과 동일하지 않다는 데서 비판 의식에 눈을 떴습니다. 편견 없이 사물을 직시하려 했는데, 그럴수록 유대교의 신앙과 경전에 의문이 생겼던 것입니다.

스피노자는 곧 유대 교회 당국의 비난에 직면했지요. 다른 학생들과 토론하면서 신이 육체가 없다는 점, 천사가 실제로 존재한다는 점, 영혼이 불멸한다는 점 등을 뒷받침할 근거가 성서 어디에도 없다고 주장했습니다. 또 『모세 5경』을 쓴 이는 물리학, 심지어 신학 지식에서조차 학생인 자신보다 나을 게 없다고 말했어요.

유대 교회는 스피노자에게 교회를 비판하지 말고 침묵을 지켜 외적으로나마 복종하는 태도만 취하면 경제적인 도움을 주겠다고 제의했어요. 그 무렵 스피노자는 렌즈를 갈고 닦는 일을 하며 궁핍하게 살았어요. 하지만 교회의 유혹을 받아들일 리 없었지요. 결국, 교회는 그를 이단으로 몰고 무신론자로 낙인찍으려 했습니다. 일부 과격분자들은 스피노자에게 위해를 가하기도 했답니다. 마침내 1656년 유대 교회는 스물네 살의 스피노자에게 파문을 선고했어요.

그 시대 파문은 모든 자유를 박탈하고 사회에서 내쫓는 사실상 노예 상태로의 전락을 의미했습니다. 가혹한 처분이었

옳은 것은 옳고
그른 것은 그르다

지요. 이후 그는 여러 도시를 전전하며 죽는 날까지 고독한 추방 생활을 계속합니다.

그는 평생 결혼하지 않았습니다. 가난과 고독, 병고와 박해라는 십자가를 지고 살았어요. 그러나 신념만은 굽히지 않았습니다. 끝까지 맑고 깨끗한 영혼을 지키며 독단적인 교회와 싸우며 청렴하고 정의롭게 살았어요.

그는 역경 속에서도 학문 탐구를 게을리하지 않았습니다. 생전에 자기 이름으로 저서를 출판한 것은 1663년에 쓴 『기하학적 방식에 근거한 데카르트의 철학 원리』라는 책 한 권뿐이었어요. 사후에 출판된 『지성 정화론』은 출간되자마자 금서 목록에 오릅니다. 죽기 한 해 전에 쓴 『신학 정치론』은 익명으로 출판된, 성서 비판의 시초이며 그의 대표적인 저서로 꼽히지만 이 역시 금서가 됐습니다. 이후 스피노자는 "지구의 표면에 살고 있는 인간 중에서 가장 독신적인 무신론자"라는 비난을 받습니다. 스피노자의 대표작이자 철학 고전으로 평가되는 『기하학적 방식으로 다룬 윤리학』은 죽기 2년 전에 탈고했지만 생전에 출판되지 못했습니다.

그가 죽은 다음에 친구들에 의해 비밀리에 출판된 유고집이 세상에 알려지자 교회의 비난은 절정에 이릅니다. 그중에는 "세계는 몇 세기 동안 이보다 더 유해한 책을 본 적이 없다. … 신들이여, 지상에서 이 페스트를 추방해 주소서"라는 내용도 있었답니다.

1672년 프랑스의 루이 14세가 네덜란드를 정복하려 군대를 보냈을 때, 이를 지휘한 콩테 장군이 스피노자의 명성을 듣고 찾아와서 직접 서명한 책을 프랑스 국왕에게 바친다면 연금을 받을 수 있도록 주선하겠다고 제의했습니다. 그때 스피노자는 한마디로 거절했지요.

"나는 나의 책을 오직 진리 앞에만 바치겠다."

스피노자는 명예와 쾌락과 속박을 멀리하며 진정한 자유인으로 살다가 생을 마감합니다. 오랫동안 고통받아 온 폐결핵으로 1677년 헤이그에서 46세의 나이로 고독하게 죽어요. 그는 『지성 정화론』의 서두에 다음과 같은 말을 남깁니다.

"세상 사람들은 부와 명예와 쾌락을 인생의 최고선으로 생각하고 그것을 추구한다. 나도 그러한 것에 마음이 끌렸던 때가 있었다. 그러나 이내 그것이 인생의 최고선이 아님을 깨달았다. 부와 명예와 쾌락은 인간의 정신을 질식시키거나 교란시키거나 우둔하게 하거나 적지 않은 후회를 남긴다. 쾌락 추구에는 회오悔悟가 따른다. 그

옳은 것은 옳고
그른 것은 그르다

렇다면 무엇이 인간 최고의 생활인가. 그것은 진리를 사랑하고 정의를 추구하는 생활이다. 진리에 이르는 길이 값비싼 대가를 치러야 한다는 것은 비단 어제오늘의 일만은 아니다."

진리의 순교자
브루노

　조르다노 브루노(1548~1600)는 철학자이고 신학자이고, 신앙 때문에 화형을 당한 정의의 순교자입니다. 당시 비판자들로부터 '이탈리아의 떠돌이 마술사'라는 조소를 받으며 망명과 유랑 끝에 비참한 생애를 마친 신념의 사도입니다.

　브루노는 이탈리아 나폴리 근방 놀라라는 지역에서 군인의 아들로 태어났습니다. 어머니는 평범한 여성이었어요. 그는 14세까지 고향의 공민학교에서 교양 고전과 논리학 변증론 등을 배웠고 나폴리 고등학교로 옮겨서는 신플라톤주의의 신비적 자연 사상에 몰두했습니다.

　이후 성 도미니카 수도원에 들어가 13년 동안 철학과 신학 공부를 하여 18세 되던 해 수도사가 됐어요. 에라스뮈스의 금서를 숨어 읽으면서 가톨릭적인 형식주의와 맹목적 광신

옳은 것은 옳고
그른 것은 그리다

주의를 비판했습니다. 브루노는 합리적인 근대 이성의 지지자가 되어 광신주의를 비판했다는 이유로 두 번씩이나 이단 심문소의 호출을 받고, 신변의 위험을 느껴 수도원을 탈출했어요.

이때부터 오랜 유랑과 망명의 고난이 시작됩니다. 브루노는 나폴리를 떠나 로마에 갔지만 그곳에서도 이미 체포령이 내려져 있었어요. 하는 수 없이 수도사의 옷을 벗고 은신하면서 3년 동안 가정 교사나 교사직을 찾았지만 뜻대로 되지 않자 31세 때 장사꾼으로 위장하여 스위스 제네바로 갔습니다.

여기서 대학 강사직을 간신히 얻었지만 신교의 성서를 번역한 교수의 오역을 비판한 것이 문제가 되어 제네바 경찰에 체포됩니다. 이때 개종할 것을 강요당하자 스위스를 떠나 다시 유랑의 길에 올라야 했답니다.

스위스를 떠난 브루노는 프랑스로 가서 툴루즈 대학의 철학 강사가 됐으며 이곳에서 아리스토텔레스의 영혼론과 천체론을 강의했어요. 1년 후 파리의 소르본 대학에서 강사직을 맡아 『킬레의 노래』를 출판하는 등 그의 일생 중 비교적 행복한 시절을 보냅니다.

그러나 이곳의 생활도 오래가지 못하여 브루노는 영국으로 건너가 옥스퍼드 대학의 강사직을 구했어요. 이때 명강의로 학생들의 인기를 얻었어요. 그런데 이것이 또 화근이 되어 영국 지식인 사회에서는 "땅이 돌고 하늘이 가만히 있다는 코페르니쿠스의 의견을 되풀이한 듯하나 실제로 돌고 있는 것은 땅이 아니라 브루노의 머리통이다"라며 조롱합니다.

야유를 받은 브루노는 항의문을 써서 내던지고 옥스퍼드를 떠나고 말았어요. 영국에서 쫓겨나다시피 한 그는 이번에는 독일로 건너가 잠시 동안이지만 비텐베르크 대학에서 강의를 맡다가 43세 되는 해 가을 베네치아의 귀족 모체니코의 초청으로 가정 교사직을 얻어 모처럼 고국 이탈리아로 돌아와요. 해외 망명 15년 만의 귀국길이었지요. 하지만 고국도 그에게 평안을 보장해 주지 않았지요. 귀족 모체니코의 배신으로 44세가 되는 1592년 경찰에 체포된 것입니다.

그는 브루노에게 마술사, 이단자라는 누명의 씌워 고발합니다. 당국은 당국대로 파격적인 그의 종교관과 각국을 돌면서 행했던 자유주의적인 학문, 천체 사상이 시민들을 자극시킬 것을 두려워하여 그를 시민들과 격리시킬 방안을 찾고 있던 중이었어요. 브루노는 감옥에 갇히고 맙니다.

모체니코는 브루노가 악랄한 가톨릭 반역자라고 비판하면서 세 명의 증인까지 내세웠어요. "브루노는 그리스도를 악당이라고 하고 종교는 무엇이나 싫으며 기적이란 그리스도가 행한 마술이며 처녀가 잉태할 수도 없고 신부들은 모두 소같이 어리석다고 말했다"고 주장합니다. 물론 사실이 아니었어요. 그러나 증인들까지 나서서 모함하는 바람에 이단의 두목으로 몰린 브루노는 7년 동안 감옥에 갇힙니다. 그 안에서 숱한 위협과 회유를 받지만 끝내 신념을 굽히지 않아요. 친구들이 그가 처형되기 전에 어떻게든지 살려내려고 애썼지만 브루노의 의지를 꺾을 수 없었답니다.

브루노는 자신이 결코 이단자라고는 생각지 않았어요. 오직 자기는 정의로운 그리스도교 신도이면서 철학자라는 자부심을 갖고 있었습니다. 신앙과 철학은 차원이 다르다고 생각했을 뿐입니다. 자신이 반대하고 비판하는 것은 기독교가 아니라 아리스토텔레스의 철학이라고 주장했어요. 아리스토텔레스의 우주관에 반대하면서 우주는 무한하다는 신념을 갖고 있었던 것입니다.

모든 현상을 이성적·원리적으로 보려는 자신의 태도는 철학자의 사명이며 신앙과는 상관없는 정의의 길이라는 것을 이해시키고자 노력했습니다. 교황과 추기경에게 무고함을 진정하면서 석방되면 로마에서 철학 교수가 되고자 한다는 뜻을 보였지만, 완고한 교회 당국은 끝내 브루노에게 굴복을 요구하며 파문을 합니다.

1600년 2월 17일 그는 배교·이단 및 수도사의 서약을 어겼다는 죄목으로 화형에 처해집니다. 형장에 선 브루노는 "나를 심판하는 그대들이야말로 심판을 받는 나보다 더 무서워 떨고 있지 않는가"라고 질타합니다.

"나는 순교자로서 기쁨으로 죽음을 맞는다. 내 영혼은 불꽃과 같이 하늘나라로 오를 것이다"라는 유언을 남기며 52세의 생애를 화염 속에서 마감하지요. 그의 몸은 재가 되었으나 그가 추구한 정의와 진리라는 가치는 오랫동안 남아 지금까지 전해지고 있습니다.

옳은 것은 옳고
그른 것은 그르다

침묵을 거부한 에밀 졸라

로마 황제 유스티니아누스가 로마의 저명한 법학자들에게 편찬하게 한 『유스티니아누스 법전』 제1권의 첫 문장은 이렇게 시작된다고 합니다.

"정의는 각 사람에게 그에게 마땅히 주어야 하는 것을 주려는 정직하고 한결같은 의지다.", "정의는 각자에게 그의 것을 주려는 불변의 지속적인 의지다."

인류의 역사는 '각 사람에게 마땅히 돌아가야 할 몫'을 특정인들이 독점하는 경향이 많았습니다. 지금도 사정은 크게 다르지 않아요. 힘 있는 자들에 굴종하거나 타협한 사람들이 많았기 때문입니다. 그러나 역사에는 불의를 외면하지 않고 단호히 대결한 인물이 적지 않았지요. 그 대표적인 인물을 소개합니다. 19세기 프랑스의 문호 에밀 졸라(1840~1902)입니다.

이탈리아 출신 아버지와 프랑스 출신 어머니 사이에서 태어난 그는 일찍 아버지가 돌아가시면서 곤궁하게 자랐어요. 고등학교를 졸업하고 대학 입학 자격시험에 실패하고 나서 출판사에 취직한 후 여러 작가들을 만나면서 문학의 길에 들어섰지요.

얼마 뒤 출판사를 그만두고 전업 작가가 되어 소설을 발표하는 한편 제2제정을 비판하는 공화파 신문에 정부를 비판하는 시론을 써서 독자들의 호응을 받아요. 37세 때에 쓴 소설 『목로주점』이 베스트셀러가 되면서 경제적으로 궁핍을 면할 뿐 아니라 주목받는 작가로 떠올라요. 이후 많은 글을 발표하고 사회 명사가 됩니다.

당시 프랑스에서는 불의한 사건이 빈발합니다. 대표적인 것이 드레퓌스 사건입니다. 프랑스 군부는 유대계 출신 장교인 드레퓌스에게 간첩죄를 뒤집어씌우고 종신형을 선고합니다. 그리고 진짜 독일 간첩은 풀어 주었지요. 드레퓌스를 반유대주의의 희생물로 삼은 겁니다.

이와 관련해 대부분의 작가·언론인들이 침묵했지만 졸라는 정의롭게 나섭니다. 당대 최고 신문이었던 〈르 피가로〉를 통해 군부를 고발해요. 보수적인 독자들이 구독 해지 운동을 펼치며 신문사에 압력을 가하지만 졸라는 굽히지 않아요. 다

옳은 것은 옳고
그른 것은 그르다

른 신문에 글을 쓰다가 이마저도 어려워지자 손수 팸플릿을 제작하여 시민들에게 배포합니다. 여기에 '청년들에게 보내는 편지', '프랑스에 보내는 편지' 등의 글을 실어요.

대통령에게 직접 편지를 써서 드레퓌스의 억울함을 호소합니다. 오직 정의와 양심에 따른 행동이었어요. 대통령에게 보내는 '나는 고발한다'라는 글을 〈르 피가로〉에서는 게재를 거부합니다. 그러나 〈로로르〉가 1898년 1월 13일자 1면에 실으면서 프랑스 정계에 일대 파문을 일으켜요. 이후 프랑스 문단의 저명인사뿐만 아니라 예술가·과학자·교수 등이 드레퓌스 사건의 재심 청원서에 서명합니다. 아나톨 프랑스, 에밀 뒤르켐, 마르셀 프루스트, 클로드 모네 등도 함께하지요. 여기 '나는 고발한다'의 뒷부분을 소개합니다.

오늘 저의 행위는 진실과 정의의 폭발을 앞당기기 위한 혁명적 수단일 뿐입니다. 저는 그토록 큰 고통을 겪은 인류, 바야흐로 행복 추구의 권리를 지닌 인류의 이름으로 오직 하나의 열정, 즉 진실의 빛에 대한 열정을 간직하고 있을 뿐입니다. 저의 불타는 항의는 저의 영혼의 외침일 뿐입니다. 부디 저를 중죄 재판소로 소환하여 푸른 하늘 아래에서 조사하시기를 바랍니다!

-유기환 옮김, 『나는 고발한다』

정의로운 일에는 박해가 따릅니다. 프랑스 의회는 졸라를 국가 모독죄로 기소하고, 베르사유 중죄 재판소는 징역 1년에 벌금 3000프랑을 선고했어요. 억울한 선고를 받은 졸라는 영국으로 망명합니다. 그가 고국을 떠나던 날 프랑스 정부는 최고 훈장인 레지옹 도뇌르 수훈자 자격까지 박탈했어요.

졸라는 1899년 6월 영국에서 돌아왔으나, 드레퓌스 사건을 소재로 쓰던 소설 『진실』을 마무리하지 못한 채 3년 뒤에 가스 중독 사고로 사망합니다. 그가 사망한 지 4년 뒤 드레퓌스는 재심에서 무죄 판결을 받습니다. 에밀 졸라의 정의를 위한 고귀한 투쟁은 프랑스뿐만 아니라 전 유럽 사회로 널리 퍼져 나갑니다. 마침내 정의가 승리한 것입니다.

백과전서를 만든 디드로

인류 역사상 가장 큰 사회적 변혁을 이룬 사건을 들라면 1789년 프랑스 대혁명일 것입니다. 18세기 말 프랑스 시민 계급이 민중과 동맹하여 구체제를 파괴하고 시민 사회의 제도적 기초를 닦음으로써 민주주의의 여러 가지 원칙을 분명히 한 시민 혁명이기 때문입니다. 그래서 '대혁명'이라 부릅니다.

그 이전까지 프랑스는 군주가 백성들의 생살여탈권을 쥐고, 세습을 통해 권력을 유지했습니다. 프랑스 혁명으로 이 같은 절대 군주제에 구멍이 뚫렸어요. 왕권이 신으로부터 부여받았다는 '왕권신수설'이 무너지고, 모든 사람은 신분·성별·계급에 상관없이 평등하다는 신념이 일반화되기 시작합니다.

프랑스 혁명에서 시민들은 자유·평등·박애라는 3대 가치를 내세웠지요. 이들 가치는 바로 정의라는 목표에 이르는 중간 과정이라 할 수 있을 것입니다. 현대적 민주주의의 가치와 원칙이 프랑스 혁명에서 왔다고 해도 지나치지 않지요. 이는 오늘날까지 계속해서 계승·발전하고 있습니다.

프랑스 대혁명은 어느 날 갑자기 일어난 것이 아니었습니다. 깨어 있는 정의로운 지식인·종교인 등의 계몽과 저항, 이에 따른 희생이 있었기에 가능했어요. 이들은 "짐이 곧 국가다"라는 루이 왕조 체제에 맞서 싸운 선각자들입니다.

프랑스 대혁명은 진행 과정에서 로베스피에르의 등장, 테르미도르의 반동, 그리고 나폴레옹의 쿠데타와 왕정 복귀 등 우여곡절을 겪었지만 결국은 성공해요. 정의를 핵심으로 하는 자유·평등·박애의 정신은 유럽 전역으로 퍼져 나가고, 마침내 세계의 중심 가치로 자리 잡습니다.

디드로(1713~1784)는 18세기 프랑스의 대표적인 계몽사상가의 한 사람으로 『백과전서』의 편술을 통해 프랑스 대혁명의 사상적인 토양을 마련한 지식인입니다.

그는 파리 동남부의 랑그르에서 1713년에 상인의 아들로 태어났어요. 부친은 목사가 되기를 희망하여 신학을 공부시켰고 다음에는 법률을 전공하도록 했지만, 그는 어느 것도 마음에 들지 않았답니다. 그가 좋아하는 것은 철학과 수학, 물리학이었어요. 그는 아버지의 뜻을 따르지 않고 자기 뜻대로 학문의 길에 정진합니다. 그 때문에 아버지가 보내 주던 학비와 생활비가 끊어져 가정 교사와 번역 일을 했어요.

디드로의 명성이 역사상 길이 남게 된 것은 『백과전서』를 편찬한 일 때문입니다. 프랑스의 계몽사상을 집대성한 당대의 최고 걸작이지요. 편집자인 그가 밝혔듯이 사람들의 마음속에서 혁명을 불러일으킬 화약고가 됐어요.

당시 프랑스 지성계는 '백과전서파'가 형성되어 있었습니다. 백과전서파란 1751년부터 『백과전서』 발행에 참여한 계몽 사상가들을 일컫지요. 중심 역할을 한 디드로와 수학자 달랑베르 외에 볼테르, 케네, 튀르고, 돌바크, 루소 등이 참여했답니다.

『백과전서』를 기획하고 실천에 옮긴 시기는 혁명 전이었어요. 따라서 이 책의 간행과 집필에 협력한 사람들은 하나같이 절대 군주제의 불합리에 대해 비판적인 태도를 취했고 인간의 이성에 대해 확고한 신념을 갖고 있었지요. 그들은 이 책을 통해 이성에 입각한 합리적 사회 질서의 실현을 가능케 하는 원리를 제공하려 했던 것입니다.

디드로는 1746년 『백과전서』를 출판하기 전에 최초의 저작『철학적 사색』을 출판했으나 발매 금지 처분을 받았어요. 3년 뒤에는『맹인서간』을 무기명으로 간행했는데 이 때문에 파리 교외에 있는 뱅센 감옥에 갇히고 말았답니다. 책도 읽을 수 없고 글도 쓸 수 없다는 특별한 벌칙을 받았어요. 그가 수감 생활을 하는 동안 루소가 매일 찾아와서 자기도 함께 감옥 생활을 하겠다고 자청했다는 일화가 유명합니다.

3개월의 옥고를 마치고 석방된 디드로는『백과전서』간행에 전념하여 1751년 제1권을 출판해요. 1775년 출간된 제5권의 권두언에서 디드로는 자신의 신념을 다음과 같이 밝히고 있습니다.

"이 책의 목적은 지상에 흩어져 있는 지식을 집대성하는 데 있다. 지식의 일반적인 체계를 동시대의 사람들에게 제시하고 미래의 사람에게 전달하는 것을 목적으로 한다. 그리하여 지나간 시대의 업적이 앞으로 올 시대에 쓸모없는 것이 되지 않도록 하고 싶다. 우리의 자손이 보다 많은 지식을 획득하고 동시에 보다 덕이 있고 행복하게 살도록, 그리고 우리 자신이 인류에게 부끄럽지 않은 일을 한 다음에 죽고 싶다."

『백과전서』는 출간되자마자 권력의 박해를 받습니다.

1752년 보수적인 예수회와 왕자의 가정 교사인 보와이에의 고발로 루이 15세는 판매 금지령을 내렸어요. 왕권을 파괴하고 반항 정신을 낳으며 난해한 말로써 오류와 퇴폐와 무신앙의 기초를 마련한다는 것이 그 이유였습니다. 박해는 권력 쪽에서만 가해진 것이 아니었어요. 모로라는 한 지식인은 "백과전서 집필자들의 혀 속에는 독이 들어 있다"고 공격했답니다.

함께 일하던 달랑베르마저 손을 떼지요. 디드로는 혼자 비밀리에 모든 일을 할 수밖에 없었습니다. 그토록 친하던 루소와도 사소한 일로 적대 관계에 놓이게 됐어요. 하지만 『백과전서』 간행에 쏟는 열정은 조금도 줄어들지 않았지요. 틈틈이 철학과 문학과 연극에 관한 저술 작업도 계속하여 『자연 해석에 관한 사색』, 『달랑베르의 꿈』, 『라모의 조카』 등을 발표합니다.

디드로 사상의 출발점은 '회의'입니다. 그는 『백과전서』의 편집자로서 수많은 영역의 항목을 직접 집필했어요. 이 책을 읽다 보면, 지금 보아도 놀라운 수많은 예언적 가설을 발견할 수 있어요. 이 책은 1789년 프랑스 대혁명에 사상적·이념적으로 크게 영향을 끼칩니다.

정의와 진보의 사상가 콩도르세

　저명한 수학자이자 계몽사상가인 콩도르세(1743~1794)는 누구보다도 인류의 미래를 낙관한 진보적인 지식인이었습니다. 그는 '진보를 위해' 혁명에 참여했다가 비참한 죽임을 당한 혁명 사상가이기도 했어요.

　그는 프랑스 대혁명이 전개되는 격동의 시대에 온 몸을 던져 구체제를 무너뜨리는 일에 참여했습니다.

　콩도르세는 1743년 프랑스 북부인 피카르디 리브몽의 귀족 가문에서 태어났어요. 태어난 지 얼마 안 되어 기병 대위인 부친이 전사하여 홀어머니 밑에서 자랐답니다.

　그는 랭스의 예수회 신학교와 파리의 콜레주 드 나바르에서 교육을 받았어요. 수학에 남달리 취미를 보였고, 열다섯 살 때 논문을 발표하여 당시 계몽사상가로 널리 알려진 달랑베르로부터 인정을 받았답니다. 그 뒤 수학 연구에 전념하면서 수학자로서의 명성은 갈수록 높아졌지요. 26세에 프랑스 학술원 회원이 됐고, 39세에는 프랑스 아카데미 회원으로 프랑스는 물론 전 유럽에서 명성을 얻습니다.

그러나 정의감이 강했던 그는 수학자로 만족할 수 없었습니다. 루이 왕조의 절대 권력이 마지막 발악으로 압제를 자행하고 있었기 때문입니다. 그는 달랑베르의 주선으로 당대의 저명한 문인과 정치인, 사상가들과 만납니다. 현실 사회 문제나 정치 문제에 관심을 갖기 시작해요. 혁명이 가까워지자 시사 문제에 대한 글을 많이 썼습니다.

1789년 대혁명이 시작되자 파리시 자치 위원회의 일원으로 직접 혁명에 참여했고, 1791년에는 입법회의의 파리 대표로 선출되어 크게 활약해요. 1792년 혁명 이념에 입각한 국민 교육의 전면 개혁 등 국가 교육 체계의 틀을 제시하여 주목받습니다.

1792년 국왕의 특권 정지와 국민공회 소집을 정당화하는 선언문을 작성했고, 이어 소집된 국민공회에서 헌법 위원으로 활동해요.

혁명 기간 비교적 온건한 정치 집단인 지롱드당을 대표한 그의 새로운 헌법 초안은 로베스피에르가 이끄는 과격한 정치 집단인 자코뱅당에 의해 거부됐답니다. 이어 과격파와 온건파는 루이 16세의 처형을 둘러싸고 격렬하게 대립했지요.

콩도르세는 의회가 루이 16세를 재판할 사법권이 없음을 지적하면서 이를 저지하고자 했습니다. 그러나 실패하자 사형 폐지론자의 입장에 서서 사형을 반대했지만, 이 역시 관철되지 못했지요. 그 후 온건파가 의회에서 축출되고 과격파들이 헌법안을 작성하여 공포합니다. 이때 온건파 지도자들은 대부분 투옥됐으나 콩도르세만은 학자로서의 명성 때문에 모면할 수 있었어요.

그러나 학자적 양심은 과격파의 헌법 공포를 좌시할 수 없었어요. 마침내 이를 비판하는 글을 발표하고 그들의 소행을 격렬하게 비난합니다. 이는 기회만 노리던 과격파들에게 빌미를 제공하는 결과를 낳아요.

체포령이 발부되고, 콩도르세는 친구의 주선으로 파리 남부로 피신합니다. 바야흐로 공포 정치가 극을 향해 치닫기 시작해요. 많은 온건파 지도자들이 형장의 이슬로 사라졌고 콩도르세에게도 시시각각 생명의 위험이 다가왔지요.

그는 콩코르드 광장 가까이 있는 은신처에서 매일 친구들이 단두대에 올라가는 모습을 목격합니다. 언젠가 자기도 같은 운명을 맞을지 모르는 위험 속에서 『인간 정신의 진보에

옳은 것은 옳고
그른 것은 그르다

관한 역사적 개관』을 쓰기 시작해요.

이탈리아의 철학자 크로체가 '18세기의 유언'이라고까지 평한 이 책의 주요 내용은 인간에게 이성의 힘이 있다는 것입니다. 하느님이 이 세상을 창조했는지는 모르지만, 그다음에 인간 사회를 만든 것은 인간이므로 좋든 나쁘든 그 책임은 인간에게 있다고 봐요. 인간이 제 손으로 만든 이상 사회를 좋게 개량하지 못할 까닭이 없고 또 인간에게는 이성의 힘이 있어, 이를 토대로 보다 훌륭한 사회를 만들고 스스로 행복해질 권리와 의무가 있다고 주장해요.

핵심은 인간이 궁극적인 완성을 향해 끊임없이 진보한다는 것입니다. 그는 인간이 신체 조직을 제외하고는 다른 동물보다 나은 점이 없던 야만 상태에서 출발하여 계몽과 덕, 행복 등의 길로 끊임없이 전진하는 것으로 묘사해요. 그는 과거를 지배한 일반 법칙을 바탕으로 미래를 추론할 수 있다고 주장해요. 과거의 역사가 보여 준 다음 세 가지 경향이 미래의 성격을 규정할 것이라고 말합니다. 첫째, 국가 간 불평등 분쇄, 둘째 계급 간 불평등 타파, 셋째 개인의 향상과 인간성 자체의 무한한 지적·도덕적·신체적 완성 가능성입니다.

1794년 콩도르세는 은신처를 제공하던 베르네 부인의 신변이 위태롭다고 여겨 만류를 뿌리치고 은신처를 뛰쳐나옵니다. 3일 동안 몸을 숨겼으나 이내 정체가 드러나 감옥에 갇힙니다. 다음날 하수구에서 시체로 발견되지요. 과격분자들에 의해 죽은 것입니다. 당시 호주머니에 로마의 아우구스투스 황제 시대에 활동한 시인 호라티우스의 시집 한 권이 들어 있었다고 합니다.

콩도르세는 죽을 때까지 정의와 인간 이성의 진보를 믿으며 혁명의 장래를 낙관하고 행동한 지식인이었습니다.

나폴레옹이 두려워한 혁명가 스탈

프랑스 혁명을 짓밟고 쿠데타로 집권한 나폴레옹은 전 유럽을 석권했습니다. 그의 군대는 멀리 모스크바까지 원정했으며 유럽의 내로라하는 지식인들이 그의 권력 앞에 굴종했어요. 베토벤은 나폴레옹이 나폴리에 진격하는 모습에서 '영웅 교향곡'의 악상을 얻었으며, 스탕달은 나폴레옹 군대가 밀라노에 입성했을 때 묵은 사상은 몰락하고, 새로운 세상을 위해 과감히 목숨을 바치는 것이 유행하기 시작했다고 찬양했습니다.

프랑스의 작가 제르멘 드 스탈(1760~1817)은 나폴레옹의 철권통치에 저항하며 자유와 정의를 위해 싸운 대표적인 지식인입니다.

그는 나폴레옹의 쿠데타로 공화정이 무너지고 새로운 전

제 군주제가 성립되자 나폴레옹 군대가 멸망하지 않는 한 학정은 계속될 것이라고 비판합니다. 1800년에 출판한 『사회 제도와의 관계 속에서 고찰한 문학론』에서 나폴레옹의 침략성을 강도 높게 비판해요. 결국 나폴레옹은 그를 프랑스에서 추방하고 10년간 귀환을 금지합니다. 권력에 도취되어 황제를 넘어 신의 자리를 넘보던 나폴레옹은 자신을 '자유의 적'이라고 비판하는 그를 용납하지 않았습니다. 해외 추방도 부족해 사람들이 그의 집에 출입하는 것도 금지해요.

그러나 그는 그렇게 만만한 여성이 아니었습니다. 독일의 바이마르에 머물면서 실러, 괴테 등과 교류하면서 문학과 신학에 대해 폭넓은 대화를 나누어요.

몇 년 후 스탈은 『독일론』을 출판하기 위해 죽음을 무릅쓰고 비밀리에 파리에 돌아옵니다. 독일의 풍습과 문학, 예술, 철학, 윤리, 종교를 다룬 이 책은 검열관에 의해 많은 부분을 삭제당한 채 출판돼요. 『독일론』이 폭발적인 인기를 얻자 사회적 파급력을 두려워한 당국은 책을 압수하여 폐기하고 그에게 24시간 내에 프랑스를 떠날 것을 명령합니다.

그는 나폴레옹의 영향력이 미치지 않는 유럽의 이곳저곳을 유랑했어요. 회유를 여러 차례 받아요. 신념을 바꾸면 조국으로 돌아올 수 있었지만 그러지 않았어요.

프랑스 은행에 예치된 아버지의 재산을 돌려주겠다는 제안도 거절합니다. "예금을 찾는 데 출생증명서가 필요한 것은 알고 있지만 변신 증명서가 필요하다는 것은 미처 알지 못했다"고 토로하지요.

불문학자 민희식 교수는 그를 "굽히지 않고 싸움으로써 평생 박해를 받으면서도 누구보다도 나폴레옹이 두려워한 하나의 여인상을 우리는 보게 된다"고 평한 바 있습니다.

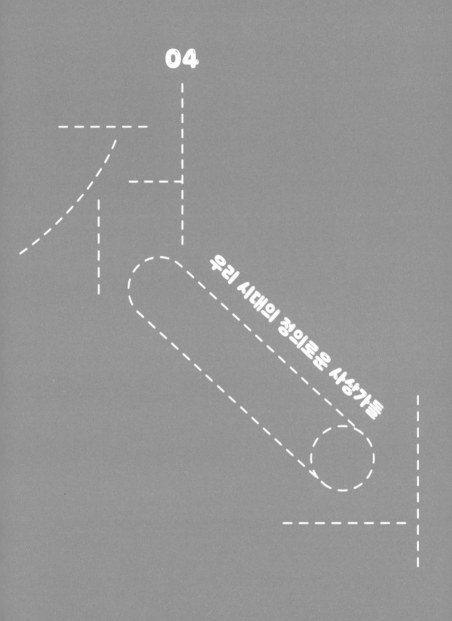

04

우리 시대의 잣이들은 사상가들

백범 김구(1876~1949) 선생의 장대한 생애와 속 깊은 철학을 한두 마디로 정의하기는 쉽지 않습니다.

그럼에도 불구하고 굳이 용기를 낸다면 '정도론正道論'이라 부르면 어떨까요. 독립운동가·애국자·항일 투사·임시정부 주석·통일정부 수립주의자 등 다양한 호칭이 따르지만, 생애와 사상을 아울러 표현하기에는 빈 구석이 너무 많아 보입니다.

백범은 바른길, 정도를 당당하게 걸은 애국자이고 독립운동의 지도자이며 임시정부 주석입니다. 70년 생애가 온통 애국심으로 가득차고 망국기의 국내 활동과 해외 망명 시기 그리고 환국 후의 발자취는 독립과 통일정부 수립의 집념과 투쟁으로 모아집니다. 그런 가시밭 역경에서도 한 치의 삿된 길

우리 시대의
정의로운 사상가들

도 넘보지 않고 정도를 걸었지요.

다시 말하면 백범의 생애에 일관되게 흐르는 '수맥'은 '정도론'입니다. 백범은 철저하게 사도邪道를 배격하고 정도를 택했습니다. 그가 맞은 시대는 고단한 격동의 연속이었어요. 그런 속에서 평탄한 길도 있었고, 안일한 길도 있었습니다. 현실 노선도 있었고 비현실 노선도 있었지요. 타협 노선도 있었고 침묵의 방법도 있었고요.

그때마다 백범은 망설이지 않고 정도를 택하고 그 길을 걸었습니다. 그 길이 비록 비현실적이고 고난의 길이라 해도 마다하지 않았지요. 칠십 평생에 걸쳐 왕조 시대, 망국, 독립운동, 임시정부, 해방, 분단, 신탁 통치, 정부 수립으로 이어지는 험난한 도정에서, 그는 한 번도 민족적인 운명과 개인적인 운명을 분리시키지 않았습니다.

그리고 한 번도 비현실적이라는 이유로 정도에서 비껴가지 않았어요. 험난한 근현대사의 고빗길에서 올곧은 의지와 정의감 없이는 결행이 어려운 길이었습니다.

백범은 1949년 암살당하기 직전에 '공염불과 현실', '평화 통일의 길'이라는 두 편의 짧은 시평時評을 남겼어요. 당시 그의 생각이 담긴 이 글들은 결국 유고가 됐지요.

백범은 '공염불과 현실'에서 '공염불'로 들리는 것들도 당위가 있고 절실하게 추구하다 보면 마침내 현실로 이루어질 것이라며, 분열을 멈추고 우리의 해야 할 일을 진지하게 토론하여 실현을 위해 분투노력할 것을 촉구했어요. 한마디로, 그 길이 현실적이냐 비현실적이냐를 따질 게 아니라 오로지 바른길이냐 그른 길이냐를 따져 가야 한다는 주장입니다.

백범의 이런 소신은 1948년 3월 21일 〈신민일보〉의 사장과의 회견에도 잘 드러납니다.

> "외국의 간섭이 없고 분열 없는 자주독립을 쟁취하는 것은 민족의 지상 명령이니 이 지상 명령에 순종할 따름입니다. 우리가 망명 생활을 30여 년이나 한 것도 가장 비현실적인 길인 줄 알면서도 민족의 지상 명령이므로 그 길을 택한 것입니다."

민족적인 운명과 개인적인 운명을 분리시키지 않는 삶을 살기로 결심하고 또 그렇게 살아온 사람이 백범입니다. 흔히 지도자라는 사람들이 선공후사先公後私를 내세우고 멸사봉공滅私奉公을 다짐하지만 사심私心과 공심公心이 뒤바뀌는 경우를 자주 보게 되지요. 사심이 앞을 가려 공심의 눈을 멀게 만드는 것입니다. 지도층 인사 중에는 초심은 좋아 보였는데 종심終心은 형편없는 사람이 너무나 많지요.

우리 시대의
정의로운 사상가들

백범은 상민 출신으로 입신하여 임시정부 주석이 된 후에도 초심과 종심이 다르지 않았고, 사심과 공심이 뒤섞이지 않는 비범한 삶을 살았습니다. 세계 식민지 역사상 가장 악독한 일제와의 투쟁에서 한 번도 한눈을 팔거나 사욕을 보인 적이 없었어요. 오로지 민족 해방과 통일 조국 건설이라는 대의와 정도를 당당하게 걸었지요.

위에서는 비가 새고 아래에서는 습기가 차오른다는 '상누하습上漏下濕'의 고달픈 망명 생활에서도 결코 사도에 눈길을 돌리지 않았습니다. 독일의 문호 괴테가 "인류의 불행을 생각하고 밤을 새워 울었다"고 했다지만, 백범이야말로 중국 천지를 누비면서 조국의 불행과 백성의 비참함을 생각하면서 날밤을 새워 울었답니다.

옛사람이, 눈물로 먹을 갈아 쓴 글이 아니면 읽지를 말고 눈물로 밥을 말아 먹어 보지 못한 사람과는 국사를 논하지 말라고 했듯이, 백범은 눈물로 먹을 갈아 『백범일지』를 쓰고 눈물로 밥을 말아 먹으면서 민족 해방 투쟁을 지휘했습니다.

백범은 임시정부가 위기에 몰리고 정체성이 흔들일 때 한인애국단의 윤봉길 의사와 이봉창 의사로 하여금 일제 침략군의 수괴들을 폭살케 하고, 광복군을 창설하여 연합군의 일원으로 일제와 싸웠습니다. 국제 정세를 예리하게 포착하여 장개석 중화민국 총통을 통해 미·영·소 3국 정상 회담에서 한국의 독립을 다짐받았지요.

우리는 해방 후 백범의 행적에서도 초심과 정도의 순결성을 다시 만나게 됩니다. 그에게 분단 정부는 사도일 수밖에 없었어요. 그 길이 비록 현실적이라 해도 민족사의 사도인 분단을 백범은 수용할 수가 없었던 것입니다. 백범은 현실론자들에게 "정도냐 사도냐"의 논리를 거침없이 제기했지요.

정도를 소중히 여기고 실천했던 백범의 사상은, 민족 해방 전쟁을 지도한 혁명가이면서 정의의 길을 제시한 선구자의 길이기도 했어요. 백범이 칠십 평생 줄기차게, 일관되게 추구해 온 사상의 정수는 '정도·사도론'과 함께 '3000만 동포에게 읍고함'에 나오는 다음 두 문장으로 함축할 수 있습니다.

"나는 통일된 조국을 건설하려다가 38선을 베고 쓰러질지언정 일신의 구차한 안일을 취하여 단독 정부를 세우는 데는 협력하지 아니하겠다."

"내가 원하는 우리 민족의 사업은 결코 세계를 무력으로 지배하거나 경제적으로 지배하려는 것이 아니다. 오직 사랑의 문화, 평화의 문화로 우리 스스로 잘 살고 인류 전체가 의좋게 즐겁게 살도록 하는 일을 하자는 것이다."

우리 시대의
정의로운 사상가들

백범은 "뒷사람이 따르게 될 터이니 눈 덮인 길도 함부로 걷지 말라"고 가르쳤습니다. 원칙이나 정도를 헌신짝 버리듯 하면서 권세를 쫓는 사람들, 편하고 좋은 길만 찾는 지식인들의 행태 앞에 백범의 생애는 여전히 '마침표' 없는 정의와 정도의 표지판입니다.

정부 수립 50돌인 1998년 8월 서울의 한 신문사가 국회의원과 전문 연구자인 학자(교수)들을 대상으로 '대한민국 50년, 위대한 인물 10인'을 조사합니다. 그 결과 백범은 두 조사 집단 모두에서 가장 위대한 인물로 꼽힙니다. 지금도 많은 사람들이 백범을 가장 존경하는 인물로 들고 있지요.

동양 평화를 추구한 안중근

젊은 나이에 의병이 되어 왜적과 싸우고, 일제의 감옥에서도 당당하게 나라의 원수인 이토 히로부미의 죄상을 밝히며 갖은 회유와 협박도 겁내지 않으면서 세계인을 위하여 '동양 평화론'을 제기하고, 이익을 보거든 의를 생각하라는 휘호를 남기고, 당당하게 교수대에 섰던 분이 있습니다. 바로 안중근 의사입니다.

서거 100주년이 지난 오늘까지 '동양 평화'는 오지 않고, 일본은 또 제국주의 칼날을 세우고 있습니다. 우리가 안중근 의사의 위대한 생애와 '동양 평화 사상'을 떠올리게 되는 배경입니다.

안중근(1879~1910)은 1879년 9월 2일 황해도 해주에서 안태훈과 조마리아의 맏아들로 태어났지요. 태어날 때부터 가습과 배에 북두칠성 모양의 흑점이 있어 아명을 응칠이라 지었다고 합니다. 가문은 무반의 호족으로서 대대로 해주에서 세력과 명망을 이어온 집안이었지요.

유복한 가문에서 태어난 안중근은 할아버지, 부모님의 사랑을 듬뿍 받으면서 자랐습니다. 글공부에는 별로 소질이 없었던 것 같습니다. 공부를 시작한 지 8~9년 동안에 겨우 보통 수준의 한문을 깨우칠 정도였다고 합니다. 그 대신 사냥과 말타기를 즐겨 하고 무예를 익히는 일에 열중했지요.

안중근은 어려서부터 정의감과 남다른 호기를 갖고 자랐습니다. 그렇다고 글공부를 게을리한 것은 아니었지요. 집안이 부자여서 스승을 집으로 모셔다가 역사서인 『통감』 및 각종 유교 경전을 배우게 됩니다. 또 조선의 역사와 중국사, 미국사 등을 배우는 한편 숙부와 사냥꾼을 따라 사냥총을 갖고 산을 타고 계곡을 건너다니며 사냥을 했습니다. 뒷날 이토 히로부미를 처단할 때의 사격술은 이렇게 익히게 된 것이지요.

안중근은 19세에 천주교에 입교하여 홍석구(빌렘, 프랑스 신부)에게 영세를 받고 '도마'라는 세례명을 얻습니다. 안중근 가문은 일찍부터 천주교를 믿고, 안태훈의 헌신적인 지원으로 고향에 청계동 성당이 세워져요. 안태훈 가문과 청계동 천주교 성당의 세력이 커지면서 관가의 탄압이 심해졌습니다.

정부의 지방 기관이 명분 없는 세금을 물리고 말을 듣지 않으면 끌어다가 매질을 하기 일쑤였습니다. 안태훈이 이를 따지자 그에게 엉뚱한 누명을 씌워 구속합니다.

안중근은 서울에 있는 뮈텔 주교를 찾아가 사정을 이야기하고 구원을 요청하는 한편 지방을 돌아다니면서 천주교 선교 활동을 합니다. 그의 신앙심은 날로 깊어가고 설교를 들은 많은 농민들이 신자가 됐습니다.

세례를 받은 후 안중근은 "기도문 강습을 받고 교리를 토론하면서 여러 달을 지나는 동안 신덕이 차츰 굳어지고 독실하게 믿어 의심치 않았다. 천주 예수 그리스도를 숭배하여, 날이 가고 달이 가서 몇 해가 지났다"고 자서전에서 말합니다. 때로 홍석구 신부가 오만하게 우리 동포들을 대할 때는 당당하게 맞서 따지기도 했습니다.

안중근이 천주교 활동을 하는 동안 나라의 사정은 대단히 어려워져 가고 있었습니다. 을사늑약이 강제되고 각지에서 의병이 일어납니다. 안중근은 나라의 주권을 되찾기 위해 아버지와 은밀히 상의합니다. 재산을 모두 팔아 망명하기로 뜻을 모으지요.

그래서 안중근은 중국의 형편을 살피려고 1905년 중국으로 떠납니다. 거기서 만나는 동포들에게 나라의 사정을 알리고 일제와 싸울 것을 호소합니다. 그런데 여행 중에 갑자기 아버지의 별세 소식을 듣고 급히 돌아옵니다. 하늘이 무너지는 듯한 일이었지요. 27세 때였습니다.

아버지의 산소를 찾아 통곡한 안중근은 1906년 어머니와 동생, 가족을 이끌고 황해도 청계동을 떠나 평안남도 진남포로 이사를 합니다. 지금까지는 아버지라는 든든한 기둥이 있었지만 이제부터는 장남으로서 자신의 거취는 물론 가정의 크고 작은 일은 스스로 결정해야 했습니다. 밑으로 두 남동생이 있었으나 아직 어렸지요.

진남포로 이사한 안중근은 먼저 학교를 세웁니다. 일본에 나라를 빼앗기고 학대받는 이유가 국민이 배우지 못하고 몽매한 까닭이라고 여기고, 우선 청소년들을 깨우쳐야 한다고 생각합니다. 안중근은 진남포 천주교 교당에서 운영하던 돈의학교를 인수해서 교장이 되고, 학생들을 가르쳤습니다.

교육의 효과가 나타나자 이번에는 조상들로부터 물려받은 재산을 팔아 중등 수준의 교육 기관인 삼흥학교를 설립합니다. 얼마 후 이 학교는 오성학교로 이름을 바꿉니다. 안중근의 교육 사업은 1906년 봄부터 이듬해 8월 망명하기 전까지 1년여의 짧은 기간이지만, 전 재산을 팔아 교육 사업을 벌이고, 국제 정세와 군사 교련, 민족의 역사를 가르치며 인재를

키웁니다.

안중근이 교육 사업에 헌신할 때 나라에서는 국채 보상 운동이 일어나지요. 일본에 진 빚을 갚자는 민중 운동입니다. 안중근 가족도 앞장섰지요. 그는 국채 보상 기성회의 관서 지부장을 맡고, 먼저 아내에게 혼수품인 장신구 전부를 헌납하게 했습니다. 평양의 명륜당에서 이 지역 선비 1000여 명을 상대로 강연하고, 의연금을 모아 국채 보상 운동 본부에 보냈지요.

안중근이 서울에 올라와 명동성당 근처에 머물고 있을 때입니다. 일제가 대한제국 군대를 강제 해산하자, 의분에 넘친 한국군이 일본군과 싸우다가 희생되는 현장을 지켜보게 됩니다. 일본군은 신식 소총인데 한국군은 구식 소총이거나 빈손이었습니다. 상대가 될 리가 없지요. 많은 희생자만 냅니다.

이런 상황에서 안중근은 교육 구국이나 국채 보상 운동, 또는 국민 계몽 운동 수준으로는 국난을 극복하기 어렵다고 판단하고 의병 항쟁을 통한 독립 전쟁 계획을 세웁니다.

1907년 8월 부산에서 배를 타고 만주 간도에 도착하여 동포들을 찾아보고, 얼마 후에는 러시아령 블라디보스토크로 떠나지요. 당시 이곳에는 유인석·홍범도 의병장이 이끄는 의병 부대와, 이 지역 한인들이 조직한 별도의 의병 부대가 일본군과 싸우고 있었어요. 안중근은 이들을 돕는 이범윤·최재형 등 한인 지도자들과도 만났습니다.

이곳에 터를 잡은 안중근은 각계 한인 지도자와 교포들을 만나 나라 사정을 알리고 의병 부대 조직에 협력을 요청합니다. 다행히 그의 성실성과 진심이 유지들과 교포 청년들에게 알려져서 300여 명의 의병 부대를 지휘하게 됩니다.

안중근 부대는 만주 지신허에서 출발하여 두만강을 건너 갑산과 무산을 목표로 갔습니다. 모두 일본군의 주둔지였습니다. 국내에 진공하여 일본군을 무찌른다는 담대한 전략이었지요. 의병 부대 참모장이 된 안중근은 출전하면서 일본군 정예 부대를 상대하기가 쉽지 않다는 것을 잘 알고 있었습니다. 또 의병에 가담한 교포 청년들은 총 한 방 쏴 보지 못한 농부 또는 어부 출신들이었지요. 하지만, 승패보다 대한의 국민으로서 마땅히 해야 할 사명임을 깨닫고 기꺼이 출전합니다. 부하 병사들에게도 이 같은 사명감을 일깨워요.

예상대로 전투는 쉽지 않았지요. 부대는 두만강을 건너 함경북도 경흥군 노면 심리에 주둔한 일본군 수비대를 급습합니다. 일본군 여러 명을 사살하고 수비대 진지를 점령하는 등 전과를 올립니다. 일본 군인과 상인을 포로로 잡아요. 부하들이 처단을 주장하지만 안중근은 이들에게 일본의 침략 전쟁의 무도함을 설명하고 돌려보냅니다. 천주교인으로서 차마 이들을 죽일 수 없었던 것이지요. 하지만 풀려난 이들은 일본 부대로 돌아가서 의병 부대의 주둔지 등 정보를 상세히 보고합니다. 얼마 후 더욱 강화된 일본 군대가 안중근 부대를 포위 공격합니다. 결국 참패를 당하지요. 안중근은 많은 부하 의병을 잃고 산속을 헤매다가 본부로 돌아오지만 포로를 돌려보낸 데 대해 문책당합니다.

안중근은 설 땅이 없었습니다. 지역의 유지들도 더 이상 물자를 지원하지 않았습니다. 그는 한인 교포들이 사는 산간·해변 마을을 찾아다니며 재기를 도모했습니다. 이때 격려해 주는 교포들도 적지 않았지요.

안중근은 1909년 3월 러시아령 크라스키노 추카노프 마을에서 구국의 뜻을 같이하는 청년 동지 11명과 '단지 동맹'을 맺습니다. 이들은 나라를 찾기 위해 새끼손가락을 잘라 피로써 하늘에 맹세합니다. 안 의사의 왼손 마디가 잘리게 된 사연이기도 합니다. 회원들은 대부분 의병 출신으로 20대 중후반 혹은 30대 초반의 젊은이들이었지요.

이제 안중근의 항일전은 새로운 방향으로 바뀌게 됩니다. 지금과 같은 의병전으로는 대규모의 일본군과 싸워 승리하기 어렵다고 판단하고, 자신을 던져 일제를 괴멸시키는 의열 투쟁으로 나아가게 된 것이지요. 이러는 동안에 현지 신문에 조선통감이었던 이토 히로부미가 만주에 온다는 기사가 실렸습니다. 한국을 침략하여 서울에 통감부를 설치한 이토가 이번에는 중국 침략의 야욕을 갖고 오는 것이지요.

안중근은 1909년 10월 25일 마침내 만주 하얼빈에 도착해요. 다음날 이토가 러시아 정부 고위층 인사와 만나기 위해 하얼빈역에 온다는 것을 알아내고 기다립니다.

26일 오전 9시 30분경에 이토는 삼엄한 경비를 받으며 역에서 내려 환영장으로 들어옵니다. 일본 교포, 구경 나온 중국·러시아인 등 수천 명이 인산인해를 이루었지요. 때를 맞춰 군악대의 환영곡이 울려 퍼지고 일장기를 높이 든 일본인들의 만세 소리가 진동합니다. 이토는 러시아 재정 대신의 안내를 받으며 러시아군 사열대 앞으로 한껏 거드름을 피우며 걸어 나왔지요.

이때 안중근의 권총이 불을 토합니다. 이토의 가슴을 향해 연속 세 발을 발사합니다. 어릴 적부터 명사수였던 그의 총탄은 어김없이 우리 민족의 철천지원수 이토의 가슴에 명중하고 그는 현장에서 고꾸라져 숨을 거둡니다.

안중근은 뤼순 감옥에 갇혀서 재판을 받는 동안 밤을 새워

『동양 평화론』을 씁니다. 검사의 질문에서 동양 평화를 짓밟는 이토를 제거함으로써 일본의 침략주의 정책을 멈추고자 했다고 진술하지요.

재판은 각본대로 안중근에게 사형을 선고해요. 그는 재판을 받을 때 한 치의 흔들림도 보이지 않았습니다. 구차하게 생명을 구걸하지 않았지요. 당당하게 이토 처단의 이유를 밝히고 동양 평화론을 전개했지요. 한국인은 물론 이를 전해 들은 중국·러시아와 일본인들 중에서도 그를 존경해 구명 운동을 펴는 사람이 있었습니다. 안 의사는 1910년 3월 26일 뤼순 감옥의 형장에서 순국합니다. 나이 32세였습니다.

우리 시대의
정의로운 사상가들

반독재 투쟁에 앞장선 장준하

장준하(1918~1975) 선생은 일제 강점기에는 광복군으로 일제와 싸우고, 해방 후에는 백범 김구 선생과 함께 귀국하여 남북 통일 정부 수립을 위해 헌신하고, 이승만 독재 시대에는 월간 〈사상계〉를 창간하여 민주주의 교육과 민권 투쟁에 나서고, 박정희 군부 독재 시대에는 펜을 던지고 거리에 나서서 민주 회복과 민족 통일 운동에 앞장섰습니다.

그러던 중 산행 길에 '실족사'라는 의문의 죽음으로 세상을 떠났어요. 장준하 선생은 광복군 출신으로서 일본군 출신인 박정희 대통령과 줄기차게 싸우다가 의문사를 당합니다. 묘소 이장 과정에서 두개골이 예리한 망치 같은 것에 의해 함몰된 것이 확인됐지만, 46년이 지난 지금까지 사인이 규명되지 않고 있습니다.

장준하는 평안북도 삭주군 외남면 청계동에서 아버지 장석인과 어머니 김경문의 4남 1녀 중 둘째 아들로 태어났습니다. 할아버지는 의주에 양성학교라는 사립학교를 세워 아이들을 가르쳤고, 아버지는 평양 숭실전문학교 교사이자 교목校牧이었어요.

어려서부터 기독교 신앙생활을 하면서 14세에 삭주 대관보통학교를 졸업하고 평양 숭실중학교에 입학합니다.

이후 전학을 가서 신성중학교를 졸업한 장준하는 정주 신안소학교 교사로 3년 동안 근무하고, 1941년 일본으로 유학을 갑니다.

그의 일본 유학 시절은 일본이 태평양 전쟁을 일으켜서 극심한 전시 체제였지요. 일제는 모자라는 병력을 충원하고자 1943년 10월부터 조선인 대학생들을 대상으로 지원병제를 실시합니다. 말이 지원병제이지 반강제로 지원케 하여 징병제나 마찬가지였지요. 당시 문인 최남선 등 명사들이 일본에 와서 한국 유학생들에게 일본군에 지원할 것을 권유합니다.

장준하는 1943년 11월 학업을 중단하고 귀국합니다. 일본에 있다가는 입대를 피하기 어려웠기 때문이에요.

귀국한 장준하는 신안소학교 시절의 하숙집 딸인 김희숙과 결혼합니다. 당시 조선에서는 젊은 여성들을 일본군 '위안부'나 일본 공장으로 끌고 갔어요. 김희숙의 아버지는 중국으로 망명한 상태였습니다. 결혼한 여자는 끌려가지 않기 때문에 장준하는 서둘러 결혼을 합니다. 그리고 3일 후인 1944년 1월 입대해요. 아내와 가족 때문에 어쩔 수 없이 일본군에 지원한 것입니다. 아버지가 신사 참배 거부로 당시 근무하던 신성중학교에서 쫓겨났다가 3년 후 겨우 삭주의 대관교회 목사로 자리 잡은 상황이었습니다. 지원을 기피했을 경우 가족이 맞이할 불행이 뻔히 보인 것이지요.

중국으로 파견되면 일본에서 은밀히 들었던 충칭(중경)에 있다는 대한민국 임시정부로 탈출하겠다는 결심을 하고 있었습니다. 아내에게 성서에 나오는 '돌베개'라는 암호를 편지에 적어 보내면 탈출에 성공했다는 뜻이라는 약속을 했지요.

국내에서 훈련을 마친 그는 중국 장쑤성 쉬저우(서주)에 있는 부대에 도착하여 3개월 정도 현지 훈련을 받고 츠카다 부대로 전출됩니다. 한인 병사들의 탈출을 막기 위해 강도 높은 훈련을 시킨다는 부대였어요.

장준하와 그의 동지들은 죽음을 각오하고 부대를 탈출합니다. 붙잡히면 처형되는, 죽느냐 사느냐의 운명을 건 탈출이었지요. 이들은 한여름의 폭염과 폭우 그리고 산적 등을 피해 말할 수 없는 고초를 겪으면서 6000리를 걸어 탈출 7개월 만에 충칭의 임시정부에 도착합니다.

장준하는 대위 계급장을 달고 광복군에 편입됩니다. 광복군 잡지를 만들고, 김구 주석의 비서 업무를 맡습니다. 1945년 8월, 일본이 항복하자 국내 진공 선발대로 뽑혀 미군 18명과 함께 8월 18일 서안 비행장을 떠나 C-46 수송기편으로 서울 여의도 공항에 도착합니다. 일본군의 항복을 받기 위해서였지요.

하지만 일본군은 본국 정부의 지시가 없다는 이유로 투항을 거부하고, 오히려 이들을 체포하려 해요. 우여곡절 끝에 이튿날 충칭으로 돌아갑니다. 장준하는 해방 3개월 만인 11월 23일 김구 주석 등 임시정부 요인 15명과 함께 귀국합니다. 그리고 경교장에서 김구 주석의 비서 일을 맡아 격동기 해방 정국에서 활동하지요.

장준하의 생애에서 큰 전환점이 된 것은 1952년 9월 당시 피난 수도였던 부산에서 문교부 산하 국민사상연구원에서 발행하는 〈사상思想〉 발행에 참여한 것입니다.

당시 〈사상〉의 편집 책임자였던 장준하는 1953년 4월 독자적으로 사상계사를 설립하고 월간 〈사상계〉를 발행합니다. 부인이 혼수품을 팔아 제작비를 부담하고, 거의 혼자서 창간호를 펴냈어요. 그리고 부인과 함께 손수레에 책을 싣고

다니면서 팔았습니다.

피난지 부산에서 지식에 목말랐던 교수·대학생들이 의외로 좋은 반응을 보여 잡지는 성공적으로 판매됐어요. 장준하는 〈사상계〉를 내면서 "못난 조상이 되지 않기 위하여"라는 문구를 내걸었습니다. 나라를 빼앗긴 청년으로 일본군을 탈출하여 장장 6000리 길을 걸으면서 온몸으로 체득한 의지이자 각오였어요.

장준하는 이승만 독재와 횡포를 비판하고, 민족사의 전통과 서구 민주주의 사상의 연구·전파에 심혈을 기울였습니다. 1950년대에 이어 60년대 한국의 지식인들에게 이 잡지는 필독서가 됐어요. 값진 논문과 매서운 시론이 실렸고, 특히 함석헌 등의 글이 실릴 때는 불티나게 팔렸어요. 이승만 정권의 탄압과 유혹이 많았으나 발행인 장준하는 흔들리지 않았답니다.

1960년 4·19 민주 혁명이 일어났어요. 6·25 전쟁 10년, 정전 협정 7년 만에 학생과 시민들이 독재 정권을 타도할 수 있었던 것은 〈사상계〉와 같은 정론지가 있었기에 가능했을 것입니다.

박정희의 5·16 쿠데타는 장준하의 〈사상계〉와 운명적인 대척점을 이루었습니다. 5·16 이후 처음으로 나온 1961년 6

월호에 함석헌의 '5·16을 어떻게 볼까?'라는 글을 중앙정보부가 문제 삼은 것을 필두로 탄압이 이루어졌어요.

장준하는 대중 강연을 통해 굴욕적인 한일 회담을 추진하는 박정희 대통령을 비판합니다. 자신이 광복군으로 일제와 싸울 때, 박정희는 일본군 장교였어요. 박정희는 결코 대한민국의 대통령이 될 자격도, 일본과 회담을 할 자격도 없다고 주장해요.

정부는 세무 조사는 물론 전국 서점에 압력을 넣어 〈사상계〉를 판매하지 못하도록 방해합니다.

그는 1967년 6월 제7대 국회의원 선거에 출마하여 서울 동대문 을구에서 당선됩니다. 이에 앞서 삼성 재벌의 사카린 밀수 규탄 집회에서 박 대통령이 '밀수 왕초'라고 비판했다가 구속돼. 장준하는 옥중에서 당선된 것입니다.

장준하의 의정 활동은 참으로 모범적이었어요. 야당 의원들이 하기 어려운 발언을 서슴지 않았고, 정부 기관이나 기업으로부터 은밀히 주어지던 정치 자금을 배격함으로써 깨끗한 선량의 모습을 보였습니다.

1972년 유신 쿠데타는 또 한 번 장준하의 생애에 변곡점이 됩니다. 장준하는 박정희의 영구 집권 야욕을 그대로 보아 넘길 수 없었어요. 일본군 출신이 쿠데타로 10년 이상 집권하고, 그것도 모자라 종신 집권을 위해 계엄을 선포하고 국회를 해산하면서 유신을 선포한 것입니다.

장준하는 재야 민주 인사들과 민주수호국민협의회를 조직하여 반독재 민주화 운동을 전개하던 중 유신 쿠데타를 맞은 것입니다. 그는 신민당 유진산 당수 체제의 미온적인 노선에 불만을 품고, 탈당하여 양일동 등과 민주통일당을 창당하고 최고 위원에 선임돼요. 하지만 유신 정권의 탄압으로 국회의원 선거에서 낙선하는 등 좌절을 겪습니다.

1971년에 출판사 '사상사'를 설립하여 자서전 격인 『돌베개』를 간행하여 인기를 얻는 등 성과를 얻었으나, 독재 정권의 탄압으로 경영이 어려워졌습니다.

박정희의 권력욕은 끝이 보이지 않았어요. 학생·재야·시민들의 유신 헌법 반대 운동을 긴급 조치로 봉쇄합니다. 장준하는 1972년 12월 24일 함석헌·천관우·백기완 등과 서울 YMCA 강당에서 '개헌 청원 100만인 서명 운동'을 시작합니다.

박 정권은 장준하와 백기완을 긴급 조치 1호 위반 혐의로 구속하고, 군법 회의에 넘기지요. 민주 국가에서 민간 서명 운동을 군사 재판에 넘기는 야만이 저질러져요. 장준하는 1심에서 징역 15년, 자격 정지 15년을 선고 받고, 비상 고등

군법 회의에서도 똑같은 형량이 선고된 데 이어 대법원 형사부가 상고를 기각하여 징역 15년 자격 정지 15년이 확정됩니다.

장준하는 감옥에서 심한 병에 시달립니다. 심장과 간경화 증세가 악화돼요. 추운 날씨에 1년간의 구속 재판으로 건강을 크게 해친 것입니다.

정부는 1973년 말에 장준하를 구속 정지 형태로 석방합니다. 주거를 병원으로 제한하고, 온종일 정보 요원들을 배치하여 외부와 연락을 통제했어요. 병원에 연금시킨 것입니다.

1975년은 장준하에게 '운명의 해'가 됩니다. 장준하는 그해 1월 8일 박 대통령에게 장문의 공개서한을 보내요. 강연도, 언론사 기고나 인터뷰도 철저하게 막힌 상태에서 택한 방법이었습니다.

장준하는 이 글에서 박정희의 퇴진을 완곡하게 요구하고, 긴급 조치 해제와 구속된 학생·민주 인사들의 석방을 강하게 주장했어요. 누구도 하지 못했던 말을 공개적으로 주장한 것입니다. 당시 장준하 선생은 건강이 어느 정도 회복되면서 가끔 산에 올라가 답답한 마음을 달랬습니다. 그런데 1975년 8월 17일 경기도 포천군 이동면 약사봉에서 의문의 변사체로 발견돼요.

의문사를 당하기 전에 모종의 결단을 준비하고 있었던 사실이 사후에 밝혀집니다. 충청 임시정부 청사에 걸렸던 태극기를 이화여자대학교 박물관에 기증하고, 부모님 묘소를 찾아 때 이른 벌초와 성묘를 하고, 김대중·함석헌·홍남순 등 재야 민주 인사들을 은밀히 만나요. 구체적으로 밝혀지지는 않았으나, 박정희 퇴진을 요구하는 대규모 국민 저항 운동을 준비하고 있었다고 짐작됩니다. 비록 그의 57년 생애는 힘겨웠지만, 정의를 위한 위대한 투쟁이었습니다.

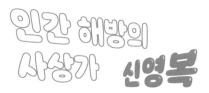

인간 해방의 사상가 신영복

신영복 선생(1941~2016)을 상징하는 몇 가지 열쇳말이 있습니다.

처음처럼, 더불어 숲, 여럿이 함께, 머리에서 가슴까지, 상선약수上善若水, 목수의 그림, 시냇물 노래, 연대와 가치, 인간 해방……

하나같이 속내 깊은 사연과 신념이 담깁니다. 이들 열쇳말들의 연결점은 '사회 정의'와 '인간 해방'으로 귀착되지 않을까 싶습니다. 압제로부터의 해방, 물신 숭배주의로부터의 해방, 군사 독재로부터의 해방, 나아가서는 사람들을 과도하게 짓밟고 규제하는 각종 제도와 악습으로부터의 해방을 추구했습니다. 그가 박정희 정권에서 구속 사유가 됐던 사회 참여

우리 시대의
정의로운 사상가들

나, 옥중에서 풀려나와 활동하면서 추구했던 가치가 모두 그러했습니다.

신영복 선생을 부르는 호칭은 다양합니다. 사형수, 무기수, 산문 작가, 에세이스트, 구도자, 교수, 석좌 교수, 시대의 지성, 시대의 양심, 정의의 구현자, 시대의 촛불, 문장가, 동양 고전학자, 서예가……

한 분야에서 두각을 나타내기도 어려운 '집단 지성'의 시대에 그는 다방면에서 자신만의 독특한 사상을 보여 주었어요. 우선 시·서·화에 능하고 문·사·철에 일가를 이루었답니다. 출간 때마다 베스트셀러가 되는 책은 그렇다 치고, 자신의 저서에 직접 그림을 그려 넣을 정도의 화필, 여기에 '민중체', '유배체' 또는 '어깨동무체'라 불리는 독특한 서체 등, 21세기 한국 지식인 사회에서는 보기 드문 유형의 인물이었지요.

그래서 그를 사상가라고 불러도 손색이 없을 것 같습니다. 그는 감옥과 사회에서 다양한 사람들을 만났습니다. 불운한 시대에 불운한 삶을 살았던 그는 20년의 감옥살이에서 유별난 사람들과 만날 수 있었고, 출감 후에는 변방에서 수많은 아웃사이더들과 어울렸습니다. 신영복의 말입니다.

"감옥에서 창백한 인텔리 정신과 결별한 것이죠. 개인의 팔자는 민족의 팔자를 벗어나지 못한다는 뼈아픈 체험도 하게 됐습니다. 일제하 공산주의자, 만주 팔로군, 대구 10·1 사건 주동자, 해방 전의 빨치산, 해방 후의 빨치산……

그분들을 만나면서 단순한 역사로서 만났던 해방 전후의 역사를 피가 통하고 살이 통하는 역사를 다시 만나게 됐다는 점을 들 수가 있죠. 말하자면 매몰된 역사를 복원시킬 수 있는 계기를 만난 셈입니다."

신영복 선생이 '인생 대학'이라 일컫던 감옥에서 만났던 수많은 사람 중 일부입니다. 이들뿐만 아니라 제도권에서 퇴출당한 각양각색의 수인들을 만났지요. 5년 정도의 독방 신세를 제외하고 15년 이상을 감옥에서 그들과 한방에서 '더불어' 살았답니다.

신영복 선생에게 감옥은 '창백한 인텔리와의 결별'을 가져옵니다. 대신 정의 실현과 인간 해방 사상의 씨앗이 뿌려졌지요. 그래서 "신문지 펼친 정도 크기의 햇볕"에도 행복을 느낄 수 있었다는 수인囚人의 철학 사상은 고차원이 아니라 평면적이면서도 동시에 입체적이었습니다. "그릇은 비어 있음으로 쓰임이 생긴다", "손은 갖고 있는 것을 내려놓을 때 비로소 빈손이 된다", "북극을 가리키는 지남철은 항상 바늘끝을

떨고 있다. 여윈 바늘끝이 떨고 있는 한 우리는 그 바늘이 가리키는 방향을 믿어도 좋다. 만일 그 바늘끝이 불안한 전율을 멈추고 어느 한쪽에 고정될 때 우리는 그것을 버려야 한다. 이미 지남철이 아니기 때문이다." 이러한 통찰, 이 같은 일상의 지혜들을 쉽고 간결한 문장과 아포리즘으로 전파한 사상가가 바로 신영복 선생입니다.

독재의 폭압과 지식인들의 허위의식이 세상의 담론을 지배하던 참담한 시절에 그의 발언은 미약했으나 울림은 어느 논객·학자·정치인에 못지않았습니다. "글이란 모름지기 좋은 울림이어야 한다"는 율곡의 말 그대로였어요. 모두 병들었는데 아무도 아프다는 소리조차 제대로 내지 못했던 시대에, 물신 숭배주의가 요동칠 때 오직 '생명에 대한 외경심'으로 강연을 하고 글을 썼어요.

신영복 선생은 27세에 감옥에 갇혀 20년을 그 안에서 살아갑니다. 한 달에 한 번씩 부모와 형수·계수씨에게 편지를 썼지요. 가족 외에는 안부 편지도 쓸 수가 없었기 때문입니다. 검열을 피하느라 언어를 고르고 내용을 다듬었어요.

40대 중반에 출감한 신영복 선생은 "옥중 20년을 나이에서 빼 달라"는 농담을 하곤 했답니다. 그러지 않아도 그는 늘 청춘이었습니다. 죽을 때까지 고목이 되지 않았고, 늙음을 모른

채 젊고 푸르게 살았지요. 육신도 젊었고 영혼은 더 젊었습니다. 죽음의 문턱까지 가본 사람답지 않게 항상 평온해 보였습니다. 햇볕이 귀한 지역에서 발생한다는 흑색종 암에 걸려 임종을 앞두고도 평상심을 잃지 않았어요.

신영복 선생의 지인들은 20년의 옥고를 치르고도 20대 모습 그대로였다고 회고합니다. '간첩'이라는 낙인이 찍힌 채 한없이 메마르고 단조로운 감방에서 어떻게 건강성을 유지하고, 어떻게 그렇게 유연한 생각을 간직할 수 있었을까요.

원효 대사의 '난인능인難忍能忍' 즉, 참기 어려운 것을 능히 참는 정신력으로 몸과 마음을 지킨 것이 아닐까요?

박정희의 철권통치 18년 동안 많은 사람이 무고하게 죽거나 감옥에 갔어요. 숱한 인재들이 우리 곁에서 사라졌습니다. 물론 승리한 사람들도 있었습니다. 김대중 전 대통령, 예술가 윤이상 선생, 그리고 신영복 선생이 그렇습니다. 인내와 정의감, 민주주의에 대한 강한 신념, 여기에 식을 줄 모르는 독서열이 승리의 배경이었답니다.

긴 옥고를 치르고 나온 사람들은 자학의 늪에 빠져 정신적으로 약해질 수 있습니다. 그러나 신영복 선생은 감옥에서 나온 후에도 유연한 사고와 정의감으로 시민들의 가슴을 맑게 하는 샘물과도 같은 역할을 했어요 가장 인간적이었기에 가장 혁명적이었고 탁월한 사상가가 될 수 있었던 신영복 선생의 역경과 깊은 사색을 여기에 소개하는 이유입니다.

정의구현 전국 사제단

박정희 정권이 선포한 유신 체제는 반인권, 비민주의 극치였어요. 민주주의는 허물만 남고 모든 권력이 박정희 1인에게 귀속됐습니다. 국회의원 3분의 1을 대통령이 지명하고, 대법원 판사도 대통령이 임명했어요. 언론과 대학은 통제되고 노동 운동은 금지됐답니다. '긴급 조치'로 국민의 기본권을 제약하고 민간인을 군사 재판에 넘기는 등 독재 권력이 강화됐습니다.

이에 지식인·재야·문인·학생·종교계 등에서 반유신 운동이 일어나요. 대표적인 단체가 천주교 정의구현 전국 사제단입니다. 일제 강점기에 만주에서 의열단이 출범했다면, 그로부터 반세기가 지난 후 국내에서 천주교 정의구현 전국 사제단이 태어나요. 시기와 대상은 달랐으나 추구하는 목표는 모

우리 시대의
정의로운 사상가들

두 정의였습니다.

1970년대 원주는 천주교 원주 교구와 장일순을 중심으로 하는 시민 사회단체가 연합 또는 연대하면서 민주화의 열기가 넘쳐흘렀습니다. 정부는 지학순 주교를 불온 단체인 '민청학련'(전국 민주청년학생 총연맹)에 자금을 지원했다는 혐의로 군사 재판에 넘깁니다. 가톨릭 신자들은 물론 일반 시민들도 분노했어요.

지학순 주교는 1974년 7월 23일 중앙정보부로부터 소환장을 받고 서울 명동 가톨릭회관에서 김수환 추기경 등이 지켜보는 가운데 '양심선언'을 발표합니다. "본인은 양심과 하느님의 정의가 허용하지 않으므로 소환에 불응한다. 본인은 분명히 말해 두지만 본인에 대한 소위 비상 군법 회의의 어떠한 절차가 공포되더라도 그것은 본인이 스스로 출두한 것이 아니라 폭력으로 끌려간 것임을 미리 밝혀 둔다"면서 5개 항목으로 유신 체제와 비상 군법 회의의 불법과 부당성, 무효를 주장했습니다.

살얼음판과 같은 '긴급 조치 시대'에 중앙정보부의 지시를 거부하면서 유신 체제를 원천적으로 비판한 것은 지 주교가 처음이었지요. 그가 행한 '양심선언'은 이후 권력과 압제에 맞서는 시민들의 저항 수단으로 활용됐습니다. 많은 민주 인사들이 '양심선언'을 하면서 독재와 싸웠어요. 1980년대 '민주화의 성지'가 광주였다면 1970년대 '민중의 성지'는 원주였습니다.

1974년 9월 24일 원주에서 천주교 정의구현 전국 사제단이 발족했습니다. 당시 전국 800여 명이던 신부 중 500여 명이 참여할 만큼 지지를 받았어요. 종교계에서 '정의正義'를 기치로 내건 것도 초유의 일이었습니다.

천주교 정의구현 전국 사제단의 결성을 주도하고 대변인을 맡아 유신 정권에 치명타를 날렸던 함세웅 신부가 명칭에 굳이 '정의'를 넣게 된 배경은 다음과 같아요.

> "정의라고 꼭 써야 하는 이유에 대해 저는 신학적으로 크게 공감했어요. 왜냐하면 정의가 하느님의 대표적 속성이거든요. 사랑의 하느님도 정의의 하느님에 내포된 것이에요. 정의의 하느님이시기 때문에 선과 악을 판단하시고, 구원을 주시고, 그에 따라 정의가 이루어진다는 의미에서 '정의 구현'을 선택했습니다.."
>
> -함세웅·한인섭 대담집 『이 땅에 정의를』

사제단은 지금까지 정의 구현을 위해 헌신하고 있습니다.

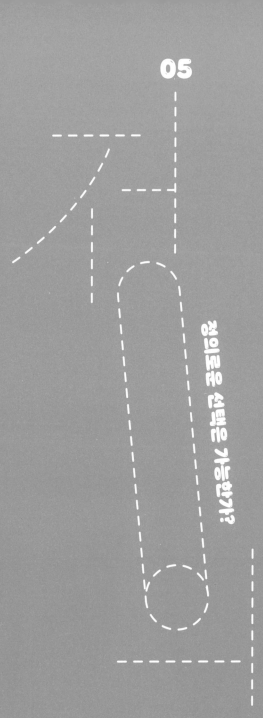

05

창의문 선택은 가능한가?

양비론의 위험성

　정의를 세우고 지키는 데는 비판 정신이 필요합니다. 무엇이 옳고 그르냐를 먼저 따지는 것이 선행되어야 하지요. 그래서 맹자는 인간의 본성 중에 '비시지심非是之心'을 들었어요. "옳고 그름을 따지는 마음"이 슬기로움이라는 인간 본성의 단서가 된다고 보았습니다.

　언론인·지식인·법조인이 가장 준수해야 할 덕목이 비판 정신입니다. 그런데 우리나라의 경우 이 같은 비판 정신이 제대로 지켜지지 않았어요. 독재자나 재벌 총수를 비판하지 못하고, 오히려 이를 비판하는 양심 세력을 함께 묶어서 비판했지요. 이것을 '양비론'이라 합니다.

　'두 개의 잘못이 하나의 옳음을 만드는 오류'라는 말이 있지요. 양쪽 모두에 잘못이 있음을 지적함으로써 모두의 잘못을 문제 삼지 않는 오류를 말합니다.

양비론의 생산자들은 대부분이 유신과 군사 독재 주변에서 독재 정권을 옹호해 온 곡필 언론·어용 지식인들이었지요. 이들은 한때 세상이 변하는 듯하자 재빨리 정론을 쓰는 척하다가 다시 수구 세력이 강화되면 양비론이란 편리한 논법으로 기득권 체제 유지에 기여하면서 보신에 급급했습니다.

양비론은 문제의 본질을 호도하고 초점을 흐려 국민들에게 선택을 포기할 논리적 도피처를 제공하고, 그것 자체로서 독재·수구·부패 세력을 도와주는 것입니다.

독재자와 비판자, 수구 세력과 개혁 세력을 동일시하는 이런 양비론은 지금도 여전히 생명력을 갖고 활개 칩니다.

따지고 보면 양비론 속에는 가치의 척도와 사물의 본말을 전도시키고 선과 악을 비슷하게 만드는 반지성의 음모가 도사리고 있지요. 그것은 비판 기능을 상실한 지식 기능에 불과합니다. 공평한 것처럼 가장하고 실제로는 불의한 편을 드는 어용의 면모를 드러내지요.

옳고 그름을 판별하지 않고 이것도 옳고 저것도 옳다는 인식으로는 그것이 한 가정의 화목을 가져오는 덕목이 될지는 몰라도 사회의 가치관으로는 존재하기 어렵습니다. 한 가정의 화목도 오래가지는 못할 것입니다. 옳고 그름이 분명히 가려지지 않는 집단에서 참된 화목이 이루어지기는 어려운 일이기 때문이지요.

　모름지기 언론이 언론답기 위해서는 공정한 비판력을 가져야 하고, 지식인이 지식인이고자 한다면 사심 없는 비판 정신을 발휘해야 합니다. 말을 사슴이라 하고 지구가 평평하다고 떠드는 지식인, '역적을 영웅'으로 둔갑시키는 기회주의 언론인, 지식인은 비판 기능을 상실한 사회적 장애물에 불과합니다.

　양비론은 '불편부당성'(어느 한쪽에 치우치지 않음)이나 '중립성'과 다릅니다. 여기에는 엄격하고 공정한 기준이 있어야 해요. 기준 없는 불편부당이나 중립은 말장난일 뿐입니다.

　일제 강점기 친일파와 독립운동가, 해방 후의 좌우익 대결, 정부 수립 이후 독재와 반독재로 이어지는 격렬한 대결상은 지식인들을 기회주의자로 만들기에 충분했지요. 선택을 잘못했다가는 참변을 당할 수 있기에 어설픈 중간자의 입장이나 양비론을 내세우며 몸을 사렸지요.

정의로운 선택은
가능한가?

똑같이 내는 세금은 공정한가?

나라를 일제에 빼앗겼을 적에 독립운동은 역사 정의를 위한 일이고, 민주주의가 독재 세력에 짓밟혔을 때 민주 회복 운동은 사회 정의를 위한 일이라 할 것입니다. 그러나 요즘은 이런 일에 무관심한 사람들이 많습니다. 이유는 다양해요. 위험하니까, 용기가 없어서, 나 하나쯤 빠져도 될 테니까, 가정을 지키기 위해서라고 말합니다. 그만큼 민주화가 정착되었기 때문이기도 합니다. 그러나 지금도 우리가 지켜야 할 정의는 사회 곳곳에 있어요.

옛날 어느 고을의 서당에서 일어난 일입니다. 훈장의 생신날이라 학생들이 의논 끝에 다음날 서당에 올 때 막걸리 한 병씩을 들고 오기로 했지요. 그러곤 가져온 술은 모두 큰 항아리에다 부었어요. 그런데 웬일일까요, 항아리에 가득 찬 것은 막걸리가 아니라 맹물이었어요. 학생들 모두 "나 하나쯤이야." 하고 생각하는 바람에 벌어진 일입니다. 물론 과장된 이야기겠지만 오늘날 우리들에게 시사하는 바가 커요.

민주주의 제도는 시민들의 참여로써 가능하지요. 만 18세가 되면 투표권이 생겨요. 그렇다고 투표를 강제하지는 않습니다. 기권도 권리예요. 하지만 모두가 기권한다면 어떻게 될까요? 제도의 존립 자체가 어렵게 되겠지요.

정의는 한자 의義 자의 풀이에서 설명했듯이, 자기 손으로 창(무기)을 들고 양을 지키는 행위에서 출발합니다. 때로는 남이 지켜주기도 하고, 도둑이나 외적이 없어서 빼앗길 일이 생기지 않을 수도 있지만, 방비를 늘 제대로 해야 합니다. 언제, 어디서 무슨 일이 생길지 모르니까요. 군주제가 백성에게 권리는 주지 않고 의무만 강요한 체제라면, 민주 공화제는 의무와 권리가 함께 부여됩니다. 우리가 정의로운 사회를 만들려면 의무는 물론 권리를 적극적으로 행사해야 해요. 우리나라는 제도적으로는 매우 공정한 사회입니다. 헌법이나 이하 법률을 보아도 알 수 있어요. 하지만 현실은 그렇지 않아요. 왜 그럴까요? 형식적인 정의만을 보장하고 있기 때문입니다. 예를 들어 볼까요?

정의로운 선택은
가능한가?

첫 번째 사례

100미터 경주를 하는데 A는 50미터 앞에, B는 30미터, C는 출발선에서 뛰게 한다고 칩시다. 이는 공정한 게임이 아니지요. 이와 같은 일이 우리가 공정하다고 생각하는 수능 시험에도 적용돼요.

A는 재벌 아들입니다. 돈이 많으니 비싼 과외 수업을 받아요. B는 평범한 직장인의 딸이에요. 동네 학원을 다닙니다. C는 가난해서 집안의 도움을 받지 못합니다. 아르바이트를 하면서 혼자 공부해요. 이들은 이미 출발선이 달라요. 이런 현실에서 점수만으로 평가하는 수능 시험은 정말 공정한 걸까요?

두 번째 사례

우리나라 교통 법규는 같은 사건에 대해 똑같은 벌금을 부과합니다. 얼핏 공정해 보이지요? 그러나 다음을 생각해 보아야 해요.

대기업 이사인 A는 교통 법규를 위반하여 7만 원의 범칙금을 냈습니다. 이 사람에게는 매우 적은 돈이에요. 부담이 없습니다. 평범한 직장인 B라면 어떨까요? 부담이 되지 않는 건 아니지만 그렇다고 벌금을 못 낼 형편은 아닙니다. 하지만 취업 준비생 C는 사정이 달라요. 당장 그 돈을 마련하기도 쉽지 않습니다. 같은 실수를 했는데 실질적인 부담은 서로 달라요. 역시 공정함이 보장되었다고 볼 수 없습니다.

세 번째 사례

우리나라에서 세금은 모두에게 공평하게 매겨진다고 생각합니다. 특히 상품 자체에 부과되는 간접세는 누가 사든 '공평하게' 똑같은 금액을 국가에서 가져갑니다. 연봉이 1억인 A는 편의점에서 맥주를 한 캔 삽니다. 국가는 그가 지불한 돈에서 세금을 가져갑니다. 이는 연봉이 5000만 원인 사람이나 실직자나 동일하게 적용돼요. 그런데 이렇게 그 사람의 소득을 가리지 않고 '똑같이' 세금을 부과하는 게 과연 공정한 걸까요?

'신자유주의 시대'는 우리에게 진정한 정의가 무엇인지를 고민하게 합니다. 쉽게 말씀드리자면 모든 것을 시장에 맡기자는 생각입니다. 그러나 '시장'은 정의에 관심이 없습니다. 중요한 건 '효율'과 '이익'이에요. 이런 신자유주의가 힘 있는 자에게는 천사일지 몰라도 약자에게는 맹수와 같은 괴물입니다. '신자유주의'는 경제의 자유를 보장하기 위하여 국가권력의 개입·증대를 막아야 한다고 주장해요. 이른바 자유방임 정책입니다.

예를 들어, 대기업의 문어발식 사업 확장으로 동네마다 체인점 슈퍼마켓이 들어온다고 가정해 볼까요? 경쟁력이 없는 작은 가게들은 문을 닫을 수밖에 없습니다. 대기업 체인점이 든든한 자금으로 생산자와 직거래를 통해 싱싱한 야채를 공급하고 가격도 낮춥니다. 작은 가게는 그럴 수 없어요. 유통망이 없다 보니 신선도도 떨어지고 가격도 올라갑니다.

신자유주의자들은 이런 상황을 당연하게 받아들입니다. '적자생존'이 곧 정의이기 때문이에요. 하지만 이러한 정의가 과연 올바른 걸까요? 신자유주의자들이 주장하는 경쟁은 결코 공정하지도 정의롭지도 않습니다. 맹수 한 마리의 '자유'는 수많은 작은 동물들에게 죽음을 의미하지요.

이러한 적자 생존론은 히틀러뿐만 아니라 19세기에 제국주의 국가들 사이에 벌어진 식민지 쟁탈전의 이론적 배경이 되었습니다. 우리가 나라를 빼앗길 때 일제 침략주의자들이 내세웠던 논리도 이와 같았어요.

그리스 신화 속에는 아무리 먹어도 허기를 느끼는 에리식톤이라는 인물이 등장합니다. 풍요의 신 데메테르의 노여움을 사는 바람에 그런 형벌을 받은 거예요. 거대 자본과 재벌도 이와 비슷합니다. 계속해서 자본을 증식해 나가야 합니다. 오늘날 신자유주의는 이들에게 계속해서 새로운 먹잇감을 만들어 주는 약육강식주의의 새로운 변종 바이러스가 아닐까요.

어떤 학자가 "정의는 지상에 있는 인간의 최대의 관심사"라고 말했어요. 도둑놈도 제 자식에게는 바르게 살라고 가르친답니다. 옆으로 걷는 바닷게가 새끼에게는 바르게 걸으라고 말하는 우화도 있습니다.

정의에 관한 가르침은 차고 넘치지요. 공자의 말을 몇 마디 소개합니다.

의로운 일임을 알면서 행하지 않는 것은 용기가 없는 것이다.

의로운 사람을 편들고 따라야 한다.

군자는 의로움에 깨닫고 소인은 이익에 깨닫는다.

의롭지 못하면서 부유하고 귀한 것은 나에게는 뜬구름과 같다.

이익을 앞에 두고 먼저 정의를 생각한다.

맹자는 '수오지심羞惡之心은 의지단야義之端也라, 곧 "나의 사람답지 못함을 부끄러워하고, 남의 사람답지 못함을 미워하는 소박한 마음이야말로 정의다"라고 말했지요.

서양 쪽을 살펴볼까요.

최대다수의 행복이 정의다. -존 스튜어트 밀

정의는 공정한 절차에서 나온다. -존 롤스

성서적 정의란 가난한 자를 위한 정의를 말한다. -국제 가톨릭 주교회의

정의란 각자에게 각자의 몫을 주는 것이다. -아우구스티누스

피해를 입은 자와 똑같이 분노할 때 정의가 실현된다. -솔론

공화국은 정의와 공동의 이익을 인정하고 동의하는 사람들의 모임이다. -키케로

서양의 역사가 곧 기독교의 역사이듯이 서구에서 정의는 예수 그리스도와 함께합니다. 예수가 태어날 당시 주류 유대인이었던 사두개파는 동족의 고통을 외면한 채 로마의 헤롯왕을 지지하고 있었습니다. 그러나 모두가 이렇게 불의와 타협하지 않았어요. 무장봉기를 통해 로마에서 독립해야 한다면서 싸운 열심당을 비롯해서 정의를 내세운 유대인 세력들

이 있었습니다. 기독교의 역사도 정의에 그 뿌리를 두고 있어요.

우리나라의 기독교는 어떨까요? 일부이긴 합니다만 한국의 기독교 지도자들 중에는 일제 강점기에 신사 참배를 강권하고, 해방 후에는 독재자들의 만수무강을 기원하는 조찬 기도회를 주도한 사람들이 있습니다.

예수는 정의와 공정·정직과 겸양을 가르치며 실천했던 분이었습니다.

"내가 세상에 화평을 주러 온 줄 아느냐, 화평이 아닌 검(정의)을 주러 왔노라"고 선언하셨지요. 따지고 보면 지구 상에 존재하는 모든 철학·사상·종교·문학·예술 등은 사람이 사람답게 사는 세상을 만들기 위해 존재한다고 할 것입니다.

우리나라는 많은 분야에서 발전하고 있음에도 '정의 사회' 구현은 아직 멀어 보입니다. 2010년 출간된 미국 하버드 대학교수 마이클 샌델의 『정의란 무엇인가』라는 책이 무려 200만 부가 팔려 나가는 '이변'이 일어났습니다.

정작 인구 3억이 넘는 미국에서는 약 10만 부 정도가 판매됐는데, 5000만 인구의 한국에서 그 20배 이상이 팔렸어요. 하버드대 교양 과목의 강의 메모를 토대로 쓴 책이어서 내용이 딱딱하고 지루한데도 판매 부수가 엄청난 것은 '정의'에

목마른 한국 사회의 간절함 때문일 것입니다.

우리나라는 역사상 어느 나라에도 뒤지지 않는 정의로운 민족성을 갖고 있습니다. 고려·조선·한말에 나타난 의병 전쟁, 일제 강점기 의열단을 비롯한 각종 독립운동 단체, 빼앗긴 나라를 되찾고자 생명을 던진 의사와 열사들, 해방 후 군사 독재에 맞서 투신·자결·분신한 학생, 노동자, 민주 인사들, 정당 이름을 아예 '정의'로 지은 사례에 이르기까지 '정의'의 역사와 전통이 모자라지 않아요. 그러나 안타깝게도 현실에서 '정의 사회'는 아직 요원한 것 같습니다.

여러 이유와 배경이 있지요. 우선 '정의'의 가치와 용어가 남용 또는 오용됐기 때문입니다. 예컨대 1979년 12월 12일 군사 쿠데타를 일으킨 후 1980년 5월 '서울의 봄'을 짓밟고, 광주 학살을 자행하면서 정권을 차지한 전두환 일당이 만든 정당이 '민주 정의당'이었지요.

'민주'는커녕 독재이고 '정의'는커녕 불의한 무리들에 의해 민주와 정의의 가치가 훼손되고 전도당한 것이지요. 초대 대통령 이승만은 국민의 자유를 짓밟으면서 '자유당'을 만들고, 군사 쿠데타를 일으켜 민주 공화제를 파괴하면서 집권한 박정희 세력은 '민주 공화당'을 창당합니다.

앞에서도 잠깐 언급했지만, 동양에서는 오래전부터 정명

사상正名思想이 전해 왔어요. 명과 실이 같아야 한다, 즉 실상과 이름이 서로 맞아떨어져야 한다는 뜻입니다. 모든 사안·사건·사태는 거기에 걸맞은 명칭이 주어져야 합니다. 산적의 무리가 정의의 간판을 내건다고 의적이 되는 것이 아니듯이, 독재자가 정의라는 당명을 짓는다고 속아 넘어갈 사람은 많지 않지요.

그럼에도 정치적 압제와 외세의 지배 속에서 불의와 야합하면서 출세하는 자들이 적지 않았습니다. 특히 일제 강점기와 해방 후 독재 시대에 그런 현상이 심했고, 지금도 그런 유산·잔재·의식이 남아 있지요.

우리가 흔히 쓰는 언어에 '정말로', '진짜로'라는 말이 있지요. 무심결에 쓰는데, 따지고 보면 얼마나 거짓이 많았으면 이런 말을 썼을까 싶습니다. 정의라는 가치는 지키기가 쉽지 않습니다. 정의의 여신 디케가 손에 든 칼처럼 차갑고 매정한 결단력이 요구되지요.

그래서 좋은 게 좋다는 식의 줏대 없는 처세술로 '적당히' 살고자 하는 사람들에게는 버거운 과제이지요. 그러니 정의의 가치는 그만큼 고귀하고 그것을 실천하는 사람은 존경받아 마땅합니다.

누구를 구할 것인가?

　평범한 사람들이 조직 안에서 혼자서 유별나게 정의를 주장하거나 행동하는 일은 쉽지 않습니다. 무엇이 정의인지, 헷갈릴 때도 많지요.

　한 가지 사례를 들어봅니다. 코로나19 감염 환자가 10명이 있는데, 치료 약이 딱 1인분만 있다고 칩시다. 이들 중 누구에게 투여하는 것이 정의일까요?

① 제비뽑기

② 사회에 가장 많이 공헌한 사람

③ 가장 높은 금액을 낸 사람

④ 가장 도덕적인 사람

⑤ 앞으로 사회와 나라에 많이 기여할 사람

⑥ 가장 나이 어린 사람

⑦ 죽어도 상관없으니 약을 10명분으로 똑같이 나눈다

①번의 제비뽑기는 기회가 공평해서 괜찮은 방법일 것 같지요. 그런데 뽑힌 사람이 보건 당국이 우려하는 행동, 즉 마스크도 쓰지 않고 특정 종교 집회에 드나든 인물이었다면. 그래도 정당할까요? 혹은 뽑힌 인물이 범죄자였다면 어떨까요?

②번의 경우, 아직 사회에 기여할 기회가 적은 젊은이들이 상대적으로 불리합니다. 그렇다면 이를 공정한 방법이라고 할 수 있을까요?

③번은 많은 돈을 내면 백신 개발이나 다수의 환자들을 돌봄에 크게 기여를 할 것이지만, 그 사람에게 기회를 준다면 사람의 생명을 물질로 환산하는 것이 됩니다. 게다가 그 돈이 노동자 임금을 착취하거나 뇌물을 받은 돈이라면 어떨까요?

④번은 도덕성의 기준을 어떻게 정할 것인가 하는 문제가 있습니다. 산중의 스님이나 수도원의 교목, 군인과 예술가처럼 각기 다른 도덕적 기준을 갖고 있는 사람들을 동일한 잣대로 비교할 수 있을까요?

⑤번은 미래의 일을 함부로 예측하기란 쉽지 않지요. 또한

젊은이들에게는 가능성이 열려 있지만 나이 많은 사람들에게 그만큼 기회가 주어지지 않을 것입니다. 그러니 노인 차별은 아닐까요?

⑥번은 그럴듯하지만, 나이만 어리다고 특혜를 주는 것이 사회 공동체를 유지하는 데 도움이 될지 생각해야 합니다. 게다가 이것 역시 차별의 위험을 갖고 있어요.

⑦번 역시 기회가 공평한 것 같지만 실효성이 없습니다. 평균 분배는 결국 모두가 죽는 길이기 때문이에요.

그렇다면 어떤 방안이 있을까요?

10명 중 가장 중증인 환자에게 투여하는 방법이 있을 수 있고, 가장 오래 살아남아서 인류 발전에 기여할 수 있는 사람을 찾아내는 길도 있습니다. 그러나 이 경우 역시 '중증'과 '기여'의 기준을 어떻게 정할 것인가를 두고 의견이 분분할 가능성이 있습니다.

존 롤스의
정의론

우연한 행운에 의해 인간의 운명이 지배받는다고 한다면 어찌 이를 정의롭다고 할 수 있겠습니까? 행운에 의해 천부적으로 혜택을 받은 사람들이 바로 그 이유만으로 이득을 보는 것은 정당화될 수 없습니다. 그러므로 개인의 재능을 개인의 소유가 아닌 사회 공동의 자산으로 여기는 관점이 필요한 것입니다.

-롤스(박홍순, 『historia 대논쟁 2』)

존 롤스(1921~2002)는 평생을 '정의'라는 주제를 연구하고, 이 분야의 고전이라 할 『정의론』을 쓴 정치 철학자입니다. 미국에서 태어나 프린스턴 대학을 나와 코넬 대학과 하버드 대학에서 정치 철학을 가르쳤습니다.

1971년 출간한 『정의론』에서 롤스는 "모든 사람은 전체 사회의 복지라는 명목으로도 유린될 수 없는 정의에 입각한 불가침성을 갖는다"고 분명히 합니다. 공리주의에 사회 정의의 문제를 전적으로 맡기는 것에 반대한다는 점을 명백히 밝힌 것이지요. 존 스튜어트 밀의 '최대 다수의 최대 행복'을 정의로 인식하고 있던 당시 분위기에 반기를 든 것입니다.

롤스는 정의를 내용에서 찾기보다는 공정한 절차에 의한 합의에서 찾고자 했어요. 그는 '좋음'보다 '옳음'이 우선되어야 한다고 주장합니다. "내가 원하기만 한다면 행인을 때려도 된다"와 같은 '좋음'을 추구하는 것은 '옳음'의 범위를 벗어난 것으로 결코 허용되어서는 안 된다는 것입니다.

그의 정의론은 "법은 만인에게 평등해야 한다는 평등의 원리"와 "각자는 각자의 공헌에 따라 분배받아야 한다"는 공정의 원리에 기초하고 있습니다. 정의로운 국가나 사회는 마땅히 공정한 절차에 따라야 한다는 것이지요.

『정의론』은 서두에서 "진리가 사상 체계에 있어서 최고의 덕德이듯이 사회 제도에 관한 최고의 덕은 공정公正이다. 불공정한 법과 제도는 그것이 아무리 효율적이고 잘 정리됐다 할지라도 개정되거나 폐기되어야 한다"고 제시하고, 본문에서는 제1원칙과 제2원칙 두 가지를 제시합니다.

제1원칙은 '모든 사람에게 기본적인 자유를 완벽하게 누릴 수 있도록 해야 한다'입니다. 즉, 양심의 자유나 언론의 자유와 같은 기본적인 자유는 모든 사람이 평등하게 그리고 가능하면 최대한으로 누릴 수 있도록 해야 한다는 것입니다.

제2원칙은 '가장 빈곤한 사람들을 먼저 배려해야 한다'입니다. 즉, 사회적·경제적 불평등 문제는 가장 불리한 처지에 있는 사람들에게 먼저 최대의 이익을 가져올 수 있도록, 그리고 불균등을 불러오는 직위 등을 기회 균등의 조건 아래서 모든 사람에게 개방해야 한다는 것입니다.

롤스는 이 두 원칙에 부합될 때 비로소 그 사회는 공정한 사회라 할 수 있다고 했습니다. 또한 이러한 정의의 원칙을 추구하고 실현하는 것이 곧 공익이라고 보았습니다.

멈출 줄 아는 지혜

정의의 첫 글자 '정正'은 무슨 뜻일까요? 이 글자는 '일一'에 '지止'가 더해진 것으로, 사람이 머물러야 할止 하나의 자리, 돌아가야 할 하나의 근본 되는 자리를 말합니다.

사람이 성인군자가 아닌 이상 욕망·욕심이 있지요. 식욕·성욕·명예욕 등 절제가 어려운 욕구들이 분명히 존재합니다. 그래서 늘 유혹에 시달리지요. 하지만 동물과 달리 본능대로 살지 않는 것이 또한 인간입니다. 사람에게는 이성이 작용하기 때문입니다.

본능이나 욕망을 억제할 줄 아는 것, 머물러야 할 때를 알고 돌아가야 할 지점을 아는 것이 사람의 도리이고 이성의 가치이지요. 전쟁에서 전진만 알고 멈춤을 모르면 패할 것은 불을 보듯 뻔합니다. 나아가야 할 때와 멈춰야 할 때를 아는 사람만이 뜻을 이룰 수 있습니다.

이승만과 박정희 대통령이 두 번의 임기를 채웠을 때 거기서 멈췄다면 불행한 말년은 없었을 것입니다. 전두환이 권력욕을 멈췄다면 수많은 민주 시민이 죽는 불상사는 일어나지 않았겠지요. 이명박과 박근혜가 사적인 일을 하면서 개인적인 욕망을 채우는 수준에서 멈추고 대통령을 넘보지 않았다면, 감옥에 가는 일은 없었을 것입니다. 그러나 이는 쉬운 일이 아니에요. 노력이 필요합니다.

우리 속담에 "논 아흔아홉 마지기 가진 사람이 이웃의 한 마지기를 탐낸다"는 말이 있지요. 재벌 총수가 탈세는 물론 골목 상권까지 독점하려고 합니다. 고위 공직자들이 권력을 남용해서 사욕을 채우기도 해요. 심지어 누구보다도 도덕적이어야 할 성직자들이 부를 쫓으며 범죄를 저지르는 모습도 만나게 됩니다. 욕심에 눈이 멀어 멈추고 싶어도 멈추지 못하게 되어 생긴 일들입니다.

이런 일이 계속 생기는 것은 물질 만능주의의 폐습이기도 하지만, 정의보다 세속적 출세를 더 높이 평가하는 우리 사회의 왜곡된 가치관 때문이지요.

'정의'라는 단어가 의로움의 '의' 자에 앞서 멈춤을 뜻하는 '정' 자를 배열시킨 깊은 뜻을 헤아려야 합니다.

케이크를 자른 사람은
가장 나중에

정의를 한마디로 정의하기는 어렵지만, 누구나 정의가 무엇인지 알고 있습니다. 무엇이 옳은지 그른지, 바르고 비틀어진 것인지, 곧고 굽은 것인지 알아요. 사람의 본성에 이것을 가리는 분별력이 있고, 이성과 감성이 작동하기 때문입니다.

이제까지 우리 사회는 영웅주의, 출세주의가 지배해 왔다고 해도 지나치지 않을 것입니다. 수단과 방법을 가리지 않고 출세하고 돈 벌기 위해 경쟁해 왔지요. 일류 대학·대기업 취직이 삶의 목표가 되고 이를 위해 청소년 시절을 모두 투자합니다.

물론 출세하고 부자가 되는 것은 좋은 일이지요. 이러한 욕망이 사회 발전의 촉매제가 되기도 합니다. 중요한 것은 '어떻게'입니다. 불의한 방법과 부정한 수단으로 부자가 된다면 이는 진정한 승리도, 성공도 아니지요. 그렇게 얻은 성취는 오래가지도 못합니다. 우리는 보란 듯이 출세하고 성공한 듯한 사람들이 하루아침에 추락하는 꼴을 자주 봅니다. 패배자

보다 더 추한 모습이지요.

다소 멀더라도, 늦더라도, 더디더라도, 가시밭길이라도, 정의로운 가치관으로, 정도를 걸어야 해요. 뚜벅뚜벅 묵묵히 꾸준히 걷는 사람이 최종 승자가 되는 것이 역사의 엄연한 법칙입니다.

존 롤스는 정의의 법칙을 단호하게 요약합니다.

"케이크를 자르는 사람이 가장 나중에 가져가게 한다."

-『정의론』

우리말 속담에 "엿장수 마음대로"라는 말이 있습니다. '제멋대로' 한다는 뜻이지요. 우리 역사를 보면 그동안 힘 가진 자들이 제멋대로 권력을 행사해 왔습니다. 정치인뿐만 아니라 재벌·언론·검찰·법원이 다르지 않았지요. 그래서 '정의'는 구호일 뿐이고 실제로는 부를 독차지하거나 끼리끼리 나눠 먹었습니다.

민주 공화제는 국민이 주인이고 분배를 공정하게 하자는 제도입니다. 만인이 법 앞에 평등한 것이지요. 그러나 여기에는 오해가 있습니다. 모든 국민을 절대적으로 똑같이 대우한다는 것은 아니에요. 인간의 존엄성과 인격적 가치에 있어서

평등하며 이를 실질적으로 보장하려면 성별·인종·신분 등의 차이로 인해 불이익을 받아서는 안 된다는 뜻입니다.

그러니 롤스에게 정의란 '좋음'보다 '옳음'을 취하고, "케이크 자르는 사람이 가장 나중에 가져가게" 하자는 것입니다. 우리가 이 말을 기억하고 실천할 때 '정의 사회'는 좀 더 가까워질 것입니다.